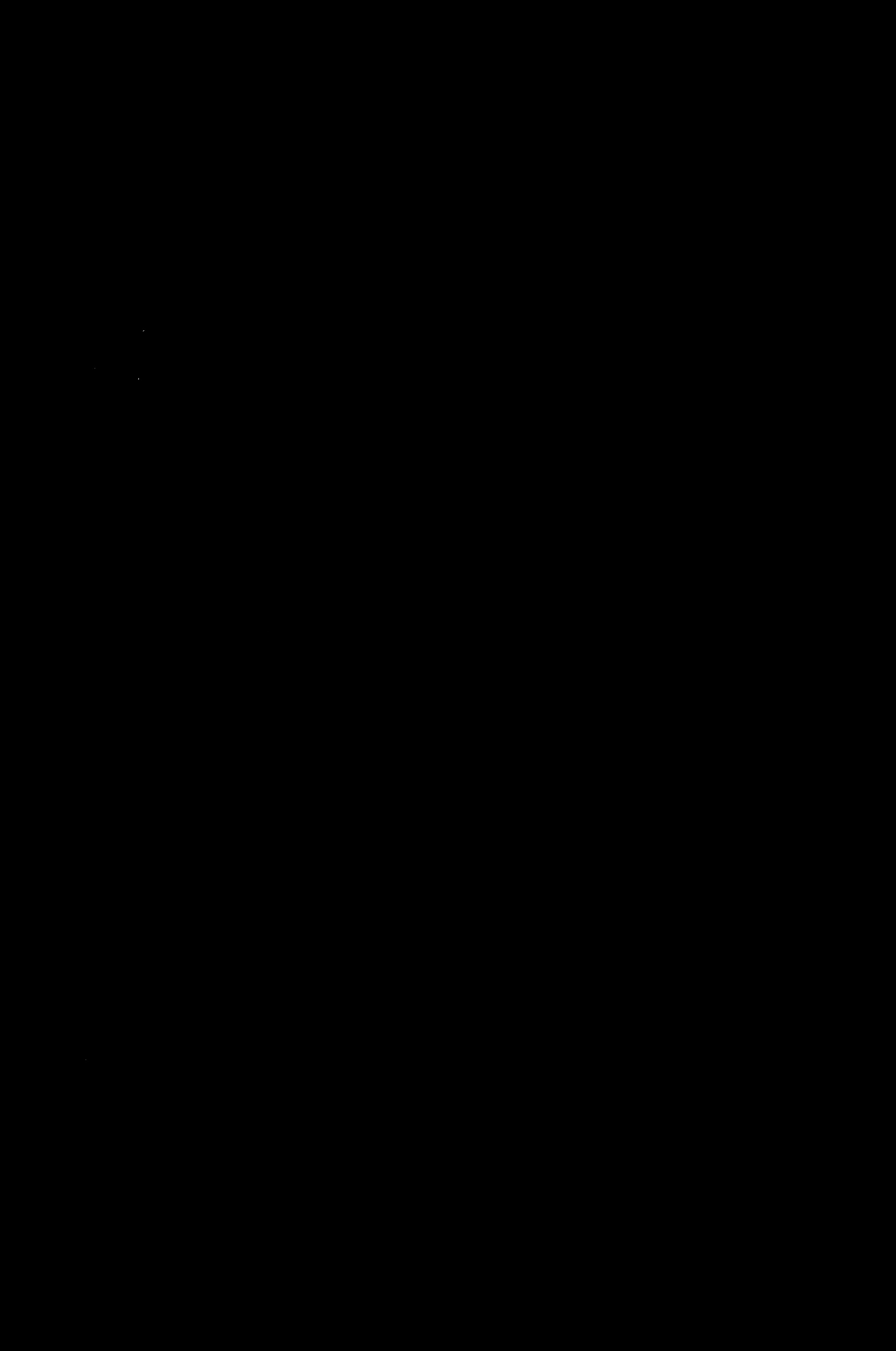

敦煌博物馆

华戎所交
一都会

石明秀 著

丝路物语 书系
主编 李炳武

西安出版社

图书在版编目（CIP）数据

华戎所交一都会：敦煌博物馆 / 石明秀著. —— 西安：西安出版社，2021.12（2024.4重印）
ISBN 978-7-5541-5764-0

Ⅰ. ①华… Ⅱ. ①石… Ⅲ. ①博物馆-历史文物-介绍-敦煌 Ⅳ. ①K872.424

中国版本图书馆CIP数据核字(2021)第237312号

华戎所交一都会
敦煌博物馆
HUARONGSUO JIAOYI DUHUI
DUNHUANG BOWUGUAN

著　　者：石明秀
出 版 人：屈炳耀
策划编辑：李宗保　张正原
项目统筹：张正原
责任编辑：路　索
美术编辑：李　坤
责任印制：尹　苗
出版发行：西安出版社
社　　址：西安市曲江新区
　　　　　雁南五路1868号影视演艺大厦11层
电　　话：（029）85253740
邮政编码：710061

印　　刷：三河市华东印刷有限公司
开　　本：787mm×1092mm　1/16
印　　张：14.75
字　　数：127千
版　　次：2021年12月第1版
印　　次：2024年4月第2次印刷
书　　号：ISBN 978-7-5541-5764-0
定　　价：78.00元

如有印刷、装订问题，本社负责另换。

序一

阅读文物 拥抱文明

郑欣淼

文物所折射出的恒久魅力,已为越来越多的人所认识。今天呈现在读者面前的这部"丝路物语"书系,就是这一魅力的具体体现。

"让收藏在博物馆里的文物、陈列在广阔大地上的遗产、书写在古籍里的文字都活起来。"(习近平语)党的十八大以来,习近平总书记担负着实现中华民族伟大复兴的历史重任,饱含着对传统文化的深厚感情,让文物活起来始终为其所关注、所思考。让文物活起来,就是深入挖掘文物的内涵,充分发挥文物的作用。中国文物是中华民族的文明印记和精神标识,是全体中国人乃至全人类的珍贵财富;它对于激发人民群众对中华优秀传统文化的了解、认同和热爱,坚定文化自信,汇聚发展力量等作用是不言而喻的。

近年来,一些优秀的文物类书籍、综艺节目、纪录片、文化创意产品等不断涌现,文化遗产元素成为国家外交的桥梁,文物逐渐成为"网红"并受到越来越多年轻人的青睐,这些都充分彰显着"让文物活起来"已逐渐从理念转化为行动,那些在历史长河中积淀下来的文物珍存正在不断走近百姓、融入时代、面向世界。

　　说到文物，不能不把眼光聚焦于丝绸之路。人类社会交往的渴望推动了世界文明间的相互交融和渗透，中华文明与亚、欧、非三大洲的古代文明很早就发生接触，相互影响，相互交流。直到1877年，德国地理学家李希霍芬在他的著作《中国——我的旅行成果》里首次提出了"丝绸之路"的概念。近半个世纪以来，随着丝绸之路考古发现和学术研究的不断深入，极大地开阔了人们的视野。特别是"一带一路"倡议的全面推进，丝绸之路研究更成为国际显学。在古代文明交流史上，丝绸之路无疑是极其璀璨的一笔。它承载着千年古史，编织着四方文明。也正因为丝绸之路无与伦比的历史积淀，形成了独特的历史文化遗产，其数量之大、等级之高、类型之丰富、序列之完整、影响之深远，都是世所公认的。神秘悠远的古代城址、波澜壮阔的长城关隘烽燧遗址、精美绝伦的艺术品、气势磅礴的帝王陵墓、灿若星辰的宫观寺庙、瑰丽壮美的石窟寺……数不清道不尽的文物珍宝，足以使任何参观者流连忘返，叹为观止。2014年，"丝绸之路：长安—天山廊道的路网"成功跻身《世界文化遗产名录》，使丝绸之路迎来了新的历史机遇，也对广大文化文物工作者提出了新的要求。

　　"让文物说话，把历史智慧告诉人们。"这是习近平总书记的谆谆嘱托。中华文化优雅如斯，如何让文物说话，飞入寻常百姓家，是当下无数文化界人士亟待攻坚的课题，亦是他们光荣的使命。客观来讲，丝绸之路方面的论著硕果累累，但从一般读者角度，特别是从当下文化与旅游结合角度着眼的作品不多，十分需要一套全面系统地介绍丝绸之路文物故事的读物。令人欣喜的是，西安出版社组织策划了这套颇具规模的"丝路物语"书系，并由李炳武先生担任主编，弥补了这一缺憾。李炳武先生曾经长期在文物文化领域工作，也主持过"中华国宝·陕西珍贵文物集成""长安学丛书"和《陕西文物旅游博览》等大型文物类图书的编纂工作，得到了业界的充分肯定；加之丛书的作者都是有专业素养的学者，从而保证了书稿的质量。

如何驾驭丝绸之路这样一个纵贯远古到当今、横贯地中海到华夏大地的话题，对于所有编写者来说，都是具有挑战性的。这套书的优点或者说特点，可以概括为以下几个方面：

这套书最大的一个优点，就是大而全。从宏观的视野，用简明的线条，对陆上丝绸之路的博物馆、大遗址进行了全景式梳理，精心遴选主要文物，这些国宝的历史、艺术和科学价值在字里行间一一呈现。

丝绸之路文化遗产类型丰富，作者在文中并没有局限于文物本身的解读，还根据文物的特点做了大量的知识拓展，包括服饰的流变，宗教的传播，马匹的驯化，葡萄等水果的东传，纸张的发明和不断改进，医学的发展，乐器、绘画、雕刻、建筑、织物、陶瓷等视觉艺术的交互影响，等等。其中既有交往的结果，也有战争的推动。总体而言，这些内容是讲述丝绸之路时所不可或缺的内容，使读者透过文物认识了丝绸之路丰富的文化内涵。

值得称道的是，这套书采取探索与普及相结合的方式，图文并茂，力求避免学究气的艰涩笔调，加入故事性、趣味性，使文字更具可读性，达到雅俗共赏的目的。通过图书这一载体，能够使读者静静地品味和欣赏这些文物，传达出对历史的沉思和感悟，完善自己对文物、丝绸之路和文化的认知。读过这套书后，相信读者都会开卷有益，收获多多，文物在我们眼中也将会是另一番面貌。

我们有幸处于坚持以人民为中心的改革发展的伟大时代，每一件文物，都维系着民族的精神，让文物活起来，定会深入人心、蔚为大观。此次李炳武先生请我写序，初颇踌躇，披卷读来，犹如一场旅行，神游历史时空之浩渺无垠，遐思华夏文化之博大精深。兼善天下，感物化人历来是每一个中国知识分子的精神所属，若序言能为一部作品锦上添花，得而为普及民众的文物保护意识起到促进作用，何乐而不为？

是为序。

·郑欣淼·
原中国文化部副部长、故宫博物院原院长、中华诗词学会会长、著名历史文化学者。

序二

丝路物语话沧桑

李炳武

2013年9月，中国国家主席习近平访问哈萨克斯坦时，在纳扎尔巴耶夫大学发表演讲，首次提出共同构建"丝绸之路经济带"的宏伟倡议。2014年6月，"丝绸之路：长安—天山廊道的路网"成功跻身《世界文化遗产名录》。

丝绸之路是世界上路线最长、影响最大的文化线路。丝绸之路是指起始于古代中国的政治、经济、文化中心——古都长安（今西安）连接亚洲、非洲和欧洲的古代陆上商业贸易路线。它跨越陇山山脉，穿过河西走廊，通过玉门关和阳关，抵达新疆，沿绿洲和帕米尔高原通过中亚、西亚和北非，最终抵达非洲和欧洲，向南延伸到印度次大陆。这条伟大的道路沟通了中国、印度、希腊三大文明，全长一万多千米。它是一条东方与西方之间经济、政治、文化进行交流的主要道路，促进了欧亚大陆不同国家、不同文明之间在商贸、宗教、文化以及民族等方面的交流与融合，为人类社会的共同发展和繁荣做出了卓越贡献。

公元前138年，使者张骞受汉武帝派遣从陇西出发，出使月氏。13年中，他的足迹踏遍天山南北和中亚、西亚各地。在随后的2000多年间，无数商贾、旅人沿着张骞的足迹，穿越驼铃叮当的沙漠、炊烟袅袅的草原、飞沙走石的戈壁，来往于各国之间，带来了印度、阿拉伯、波斯和欧洲的玻璃、红酒、马匹，宗教、科技和艺术，带走了中国的丝绸、漆器、瓷器和四大发明，举世闻名的丝绸之路渐渐形成。

用"丝绸之路"来形容古代中国与西方的文明交流，最早出自德国著名地理学家李希霍芬1877年所著的《中国——我的旅行成果》一书。由于这个命名贴切写实而又富有诗意，很快得到学术界的认可，并风靡世界。

近年来，丝绸之路迎来了新的历史机遇，沿丝绸之路寻访探秘的人络绎不绝。发展丝路经济，研究丝路文明，观赏丝路文物成了新时代的社会热潮。中央文化产业发展专项资金资助项目"丝路物语"书系，便应运而生。在本书和读者见面之际，作为长安学研究者、"丝路物语"书系的主编，就该书的选题范围、研究对象、编写特色及意义赘述于下：

"丝路物语"书系，以"丝绸之路：长安—天山廊道的路网"遗产及相关博物馆为选题范围。该遗产项目的线路跨度近5000千米，沿线包括了中心城镇遗迹、商贸城市、聚落遗迹、交通遗迹、宗教遗迹和关联遗迹五类代表性遗迹以及沿途丰富的特色地理环境。共计包括三个国家的33处遗产点，其中吉尔吉斯斯坦境内3处，哈萨克斯坦境内8处，中国境内22处。属丝绸之路东段的重要组成部分，在丝绸之路交通与交流体系中具有独特的起始地位和突出的代表性。它形成于公元前2世纪，兴盛于公元6至14世纪，沿用至公元16世纪，连接了东亚和中亚大陆上的中原地区、河西走廊、天山南北与七河地区四个地理区域，分布于今中华人民共和国、哈萨克斯坦共和国和吉尔吉斯斯坦共和国境内。沿线遗迹或壮观巍峨，或鬼斧神工，或华丽精美，见证了欧亚大陆在公元前 2 世纪至公元 16 世纪之间人类文明进步的重要阶段，以及在这段时间内多元文化并存的鲜明特色。

"丝路物语"书系，每册聚焦古丝绸之路上的一座博物馆、一处古遗址或一座石窟寺，力求立体全面地展示丝绸之路上的历史遗存、人文故事和风土人情。这是一套丝绸之路旅游观光的文化指南，从中可观赏到汉代桑蚕基地的鎏金铜蚕，饱览敦煌石窟飞天的婀娜多姿，聆听丝路古道上的声声驼铃。古丝绸之路是人类文明的宝贵遗产，记录着社会的沧桑巨变，这也是一部启封丝路文明的记忆之书。

"丝路物语"书系，以阐释文物为重点。文物是中华民族的精神标识。"让收藏在博物馆里的文物、陈列在广阔大地上的遗产、书写在古籍里的文字都活起来。"这对于激发人民群众对中华优秀传统文化的了解、认同和热爱，坚定文化自信，汇聚发展力量不可小觑。

文物是不可再生的国之珍宝，从中可折射出人类文明的恒久魅力。对文化的认同感与归属感应当成为一种生活状态。我们从梳理丝绸之路沿线博物馆馆藏文物、石窟寺或大遗址为契机，从文化的立场阐释文物的历史意义，每篇文章涵盖了文物信息的描述、历史背景的介绍、文物价值的分享和知识链接等板块，在聚焦视角上兼顾学术作品的思想层与通俗作品的故事层双重属性,清晰地再现文物从物质性到精神性的深层转变,着力探讨文物作为一种精神力量对历史的思考。用时空线索描绘丝绸之路的卓越风华,为读者梳理丝绸之路的文化影响,以文物揭示历史规律,彰显更深层、更本质的文化自信,激发读者的民族自豪感。"丝路物语"书系以文物为研究对象,从中甄选国宝菁华,讲述它们的前世今生。试图让读者从中感受始皇地下军团的烈烈秦风,惊叹西汉马踏匈奴的雄浑奔放,仰慕大唐《阙楼仪仗图》的盛世恢宏,这是一部积淀文化自信的启智之作。

"丝路物语"书系,以互动可读为特色。在大众传媒多元数字化的背景下,综合运用现代科技的引进更能推动文化传播的演变进入一个崭新的领域,相契于文字的解读,更透出传统文化的深邃意蕴。为多维度营造文化解读的可能性,吸引更多公众喜欢文物、阅读文物,"丝路物语"可谓设计精良,处处体现出反复构思、创新的态度。设计重点关注视觉交流的层面,借助丰富的图像资料和多媒体技术大幅强化传统文化元素可视、可听、可观的直接特征,有效提升文化遗产多维度的观感效果。古人著书立说重字画兼备,"宣物莫大于言,存形莫善于画",所以由"图书"一词合称。本书系选用了大量专业文物图片,整体、局部、多角度展示,让读者在阅读文字之余通过精美的图片感受文化的震撼与感动,让读者更好地认知历史、感知经典,体验当代创新之趣。

"丝路物语"书系,以弘扬互利共赢的丝路精神为使命。"丝绸之路:长安—天山廊道的路网"在东亚古老的华夏文明中心和中亚历史悠久的区域性文明中心之间建立起长距离的交通联系，在游牧与定居、东亚与中亚等文明交流中具有重要意义，并见证了古代亚欧大陆人类文明与文化发展的主要脉络及若干重要历史阶段以及突出的多元文化特征，是人类进行长距离交通、商贸、文化、宗教、技术以及民族等方面长期交流与融合的文化线路杰出范例。

2000多年前，我们的先辈筚路蓝缕，穿越草原沙漠，开辟出联通亚欧非的陆上丝绸之路。这不仅是一条通商易货之道，更是一条文化交流之路。沿着古丝绸之路，中国将丝绸、瓷器、漆器、铁器传到西方，也为中国带来了胡椒、亚麻、香料、葡萄、石榴。沿着古丝绸之路，佛教、伊斯兰教及阿拉伯的天文、历法、医药传入中国，中国的四大发明、养蚕技术也由此传向世界。更为重要的是，商品和文化交流带来了观念创新。比如，佛教源自印度，却在中国发扬光大，在东南亚得到传承。儒家文化起源于中国，却受到欧洲莱布尼茨、伏尔泰等思想家的推崇。这是交流的魅力，互鉴的成果。这些各国不同的异质文化，犹如新鲜血液注入华夏文化肌体，使脉搏跳动更为雄健有力。古丝绸之路绵亘万里，延续千年，积淀了以和平合作、开放包容、互学互鉴、互利共赢为核心的丝路精神。

新时代、新丝路、新长安。2017年，习近平主席在"'一带一路'国际合作高峰论坛"上指出：古丝绸之路是人类文明的宝贵遗产。为让这些遗产、文物鲜活起来，西安出版社策划出版的"丝路物语"书系，承载着别样的期许与厚望，旨在以丝绸之路的隽永品格对话当代社会的文化建构,以高度的文化自觉唤醒当代社会的文化自信。

我们作为丝绸之路起点长安的文化工作者,更应该饱含对传统文化的深厚感情,自觉担负起实现中华民族伟大复兴的历史重任,充分运用长安学的最新研究成果,为保护、研究和传承人类文明的宝贵遗产尽心尽力,助推"一带一路"伟大事业的蓬勃发展。

精品力作是出版社的立身之本,亦是文化工作者的社会担当。"丝路物语"书系的出版,凝聚着众多写作和编辑人员的思考与汗水。借此,特别感谢郑欣淼部长的热情赐序;感谢策划人、西安出版社社长屈炳耀先生的睿智选题与热情相邀;感谢相关遗址、博物馆领导的支持和富有专业素养的学者和摄影人员的精心创作;更要感谢西安出版社副总编辑李宗保和编辑张正原认真负责、卓有成效的工作。

"丝路物语"书系的出版虽为刍荛之议、管窥之见,但西安出版社聆听时代声音、承担时代使命以及致力于激活文化遗产、传播中国声音的决心定将引领其走向更远的未来。

是为序。

· 李炳武 ·

陕西省文物局原副局长、陕西省文史馆原馆长、"长安学"创始人、陕西师范大学国际长安学研究院首任院长、三秦文化研究会会长、长安研究中心主任、著名历史文化学者。

北凉・三危山石塔　敦煌博物馆

第四章 魏晋画砖
前世今生的人间烟火

074 清理司马丞屋上沙木牍
076 《风雨诗》简
078 墨书麻纸
080 一棵树烽燧缉令简
084 通缉令

第五章 魏晋彩绘雕刻砖
奇幻多姿的方寸之间

088 李广骑射砖
094 伯牙弹琴砖
098 三足乌砖
102 夫妻宴饮图
104 伏羲画像砖
106 托山力士画像砖
108 洛书画像砖
110 河图画像砖
112 神马画像砖
116 宝象雕刻彩绘砖
118 猞猁雕刻彩绘砖

第九章 纸质文书
文治武功传承的缩影

158 圆雕龟
160 「通信校尉」古龟纽印
164 「敦煌库」铜弩机
166 铜鸠杖首
168 《索公碑》《杨公碑》
172 《抗粮碑》
178 诰命
182 敕命
186 《六祖坛经》
190 《紫薇垣星图》《占云气书》《唐书地志》
201 敦煌大事世系表

目录

第一章 关隘驿站
陆上丝绸之路的枢纽

- 001 开篇词
- 004 玉门关遗址
- 010 阳关
- 014 悬泉置
- 026 敦煌汉代长城烽燧遗址
- 032 汉代「昌安仓」仓储遗址

第二章 丝路枢纽
千年敦煌的变与不变

- 038 西云观
- 046 敦煌南仓
- 050 火神庙
- 054 白马塔
- 058 沙州城遗址

第三章 汉晋竹简
汗青丹心的丝路故事

- 068 清水沟历谱简册
- 072 玉门关出入刺

第六章 模制花砖
寻常阡陌的工匠记忆

- 120 砖雕彩绘力士
- 122 受福雕刻彩绘砖
- 126 莲瓣纹花砖
- 128 葡萄纹花砖
- 130 天马砖
- 132 伏龙砖
- 134 龙凤砖
- 138 魁星砖

第七章 石塔陶俑
文明融通的丝路见证

- 142 三危山石塔
- 144 沙山塔
- 146 口吉德造像塔
- 148 牵驼陶俑

第八章 金石碑刻
千年敦煌的家国情怀

- 154 熊足石砚

开篇词

丝路物语 — 敦煌博物馆

敦煌南枕祁连，西接西域；鸣沙为环，党河为带；南据阳关，北扼玉关；临制伊西，通达漠北。自古以来就是中西丝绸之路交通的枢纽。

敦煌作为中国通向西域的重要门户、世界四大文明交汇之地，境内史前文化、边塞文化、北方少数民族文化、丝绸之路文化资源丰富，是名副其实的中华民族重要的文化资源宝库。

敦煌博物馆位于鸣沙山脚下、党河之畔，是大漠绿洲敦煌的灵魂，记录着千年沙州的发展和历史的变迁，沉淀有深厚的丝路文明交流的清晰记忆。馆藏十四大类文物无一不是千年敦煌鲜明的丝路印记，绝大多数是历年来在汉长城沿线烽燧及城东、西两大墓群巡查和抢救性发掘所获，非钟鸣鼎食之家传承，更非宫廷宗庙所出，大漠戈壁、寻常阡陌是它们的底色，这里有艺术中的家长里短，也有人间世上的万家灯火。

到达疏勒（喀什），然后越葱岭，进入大宛、康居、大夏等地,这条通道就是丝绸之路北道。隋唐时期,由于中外经济文化交流加强,在原丝绸之路北道之北又开辟出敦煌至伊吾（哈密），沿天山北麓而至中亚、西亚、地中海的新北道。

敦煌总扼两关（阳关、玉门关），控制着东来西往的商旅。而丝绸之路的这三条道路都"总凑敦煌",然后经"西域门户"伊吾、高昌（吐鲁番）、鄯善而达中亚、欧洲。

千年以来,敦煌始终是陆上丝绸之路的枢纽,见证了诸多中西交往的重大历史事件,汉代长罗侯常惠护送解忧公主途经悬泉置远赴乌孙、大月氏千人外交使团在悬泉置受到外交接待、康居王使团给汉王朝贡献白骆驼、隋唐裴炬在敦煌联络西域27国使者等,因此敦煌被称为"华戎所交一都会"。

第一章 关隘驿站

陆上丝绸之路的枢纽

敦煌之名,始见于《史记·大宛列传》:"始月氏居敦煌、祁连间。"东汉应劭注:"敦,大也;煌,盛也。"敦煌取盛大辉煌之意。

敦煌历来是中原王朝经营西域的前哨和国防战略的重要支点。自汉武盛世开通丝绸之路后,汉王朝"列四郡、据两关"、修筑长城、设立驿站,系统建设和保护这条东西方文明交流的国际通道。从敦煌出发向东,通过河西走廊就可到达古都长安、洛阳。从敦煌西出阳关,沿昆仑山北麓,经鄯善至莎车,穿越葱岭(帕米尔高原),可进入大月氏、安息等国,这条

玉门关遗址

玉门关遗址是我国汉代长城向西部延伸的最后一段，同时也是我国万里长城的最西端。

  玉门关遗址是公元前2世纪至公元3世纪汉帝国设立在河西走廊地区西端最重要的关隘，兴建于公元前110年—前105年，距今已有2100余年的历史，是我国汉代长城向西部延伸的最后一段，同时也是我国万里长城的最西端。

  玉门关遗址地处河西走廊最西端疏勒河南岸由戈壁、荒漠、河流、湖滩共同组成的自然地理环境中，北与马鬃山相望，南与阿尔金山呼应，东南距敦煌市约90千米，西距罗布泊东沿约150千米。此区域在地理区域上具有

玉门关遗址

大方盘城遗址

小方盘城遗址

东西交通分界的标志地位，自古就是东、西方交通的重要通道。遗址以小方盘城遗址为中心呈线性分布，各类型遗存包括2座城址（小方盘城和大方盘城）、20座烽燧和18段长城边墙遗址。

作为丝绸之路上至今保存最好、类型最完整、规模足够大的关隘遗存，玉门关遗址保存了见证汉代交通与防御保障体系的整体格局；保存了遗址的历史环境与地貌特征，包括戈壁、荒漠、湿地、湖滩、河流、泉水等环境要素；保存了各种类型遗存要素的格局、方位、规模、材料等特征，真实地传递着汉代边疆防御、屯田戍边、交通要隘、中西文化交流等历史信息。千年雄关，见证了丝绸之路的昌盛和中西交通的繁荣，见证了汉代大型交通保障体系中的交通管理制度、烽燧制度与长城防御制度，及其对丝绸之路长距离交通和交流的保障，谱写了我国古代历史不朽的诗篇。

玉门关是汉王朝开疆拓土的前哨、中西交流的门户，曾经谱写了汉唐的辉煌篇章。今天，国家"一带一路"倡议深入推进，并得到国际社会广泛认可。玉门关遗址作为"丝绸之路：长安—天山廊道的路网"33个遗产点之一，成功列入世界文化遗产名录。千载而下，雄关繁华已逝，但其积淀的中西友好交流的共同精神价值值得全人类珍视。

阳关

作为通往西域的门户，阳关又是丝绸之路南道的重要关隘、古代兵家必争的战略要地。

阳关，位于敦煌市西南70千米阳关镇，因坐落在玉门关之南而得名。汉武帝元鼎年间在河西"列四郡、据两关"，阳关即是两关之一。据史料记载，西汉时为阳关都尉治所，作为通往西域的门户，阳关又是丝绸之路南道的重要关隘、古代兵家必争的战略要地。魏晋时，在此设置阳关县，唐代设寿昌县。汉唐之后，随着自然环境的变化，西土沟平时上游干涸，下游有泉水汇成小溪北流，时有山洪暴发。洪峰过后，沟岸纷纷塌落，河床加宽，大量泥沙顺流而下，遂在下游沉积。泥沙在西

阳关墩墩山烽燧

阳关古董滩全景

北风的吹扬搬运下,形成条条沙垄,阳关古城逐渐被水毁沙埋。宋元以后,随着丝绸之路的衰落,阳关也逐渐被废弃。废弃后的阳关,慢慢荒芜,只剩下被称为"阳关耳目"的墩墩山烽燧立于大漠戈壁之上。

"劝君更尽一杯酒,西出阳关无故人。"作为汉唐时期中西交通要塞,

古水源——阳关西土沟

阳关见证了无数大大小小的军事战争；倾听过戍守征战的将士在大漠寂寥的星河里思念家人的心声；细数过无数商贾、僧侣、使臣、游客验证出关；承载着途经此处的文人骚客感慨万千之后，写下的不朽诗篇。旧《敦煌县志》把玉门关与阳关合称"两关遗迹"，列敦煌八景之一。

悬泉置

悬泉置,依南山为凭,近水而居,是东西交往必经之地,地理位置十分优越。它是中国第一次考古发现和发掘的汉代驿置遗址。

唐宋诗文中的驿站总是寄托着遥望亲人的无尽思念,流露着羁旅的落寞寡欢。唐代诗人元稹《望驿台》:"可怜三月三旬足,怅望江边望驿台。料得孟光今日语,不曾春尽不归来!"

然而古代驿站的真实情景如何?汉代敦煌悬泉置给我们提供了一幅全息图画。

悬泉置遗址位于甘肃河西走廊西部敦煌与瓜州两地交界处,国道313公路南1500米的戈壁坡地,东距瓜州县城60千米,西距敦煌市市中心64千米。地处祁连山支脉三危山山体与冲洪台地上,海拔1124米。东有汉代敦煌郡冥安县故址锁阳城,西有汉代敦煌城,北隔西沙窝盐碱滩,与疏勒河流域汉代长城遥遥相望，南通悬泉谷悬泉水。泉水从崖壁悬空渗出，四季长流。该地风大，干旱少雨，植被稀少，环境恶劣，自然条件极差，是敦煌与瓜州之间的百里无人区。悬泉水是百里无人区内的生命之源，悬泉置设立于此，完全取决于该水的存在，由此开辟了驿道的新途径。遗址以北直线距离约 40 千米处为汉代长城，与边防线遥相呼应，形成了相对独立的交通运输线。如果说长城沿线有自己的军邮系统的话，悬泉置则是中西交通线上民政系统的邮驿节点。

唐代《元和郡县志》载："悬泉水，在县东一百三十里，出龙勒山腹。汉将李广利伐大宛还，士众渴乏，引佩刀刺山，飞泉涌出，即此也。水有灵，车马大至即多，少至即少。"敦煌遗书 P.2005 号《沙州都督府图经》有关于"悬泉水"的记载"悬泉水右在州东一百三十里"，也有关于"悬泉驿"的记载"悬泉驿右在州东一百四十五里"。

悬泉置，建设在汉代敦煌郡效谷县辖区内。与其他各置一样，是众多驿置中的一个县级建制单位。武帝时称"传舍"，昭帝时称"厩"，始元四年（前 83）以后始称"置"，并一直沿用至东汉安帝时改称"驿"。置内设传舍、厩、厨、仓四大机构，又各设啬夫。啬夫之下设佐。具体有置啬夫，主管全盘，属佐辅之；传舍啬夫，主管住宿，属佐辅之；厩啬夫，主管马匹与车辆，属佐辅之；厨啬夫，主管餐饮，属佐辅之；仓啬夫，主管物资供应，属佐辅之。

悬泉置，依南山为凭，近水而居，是东、西交往必经之地，地理位置

悬泉置遗址

悬泉水

十分优越。公元前138年、公元前119年，汉武帝两次派张骞出使西域，首开其道，同时列四郡、据两关、修长城、设驿置，丝绸之路由此兴起，至东汉中后期形成了"立屯田于膏腴之野，列邮置于要害之路。驰命走驿，不绝于时月；商胡贩客，日款于塞下""临西海以望大秦，拒玉门、阳关者四万余里，靡不周尽"的巨大规模，悬泉置不但留下了他们的历史足迹，而且还保存着众多过客衣、食、住、行的原始凭证。

1990年至1992年，甘肃省文物考古研究所对该遗址进行了全面发掘。遗址占地面积22500平方米。清理遗址中心面积4675平方米。遗址西南角之上叠压有魏晋时期烽燧遗址。坞外保存有丰富的文化遗存堆积和遗迹。遗址下层为汉代悬泉置的完整建筑群落，由坞堡、马厩、坞外各附属建筑等组成。

悬泉置遗址出土文物非常丰富，总计达7万余件，可分为4大类：简牍和纸文书类、文具类、生产与生活用具类及其他类。其中简牍和纸文书包括四个方面：竹木简牍、帛书、纸文书及墙壁题记。悬泉置遗址出土简牍35000余枚，其中有文字者23000余枚，另有帛书10件、纸文书10件、墙壁题记203块。文具类主要有笔、砚和纸，共出土毛笔4支、麻纸460余件。生产与生活用具类有以铁器为主的生产工具、铜器、车马器和竹木漆器、丝绸制品、毛麻织品等6000余件。其他类主要有大麦、苜蓿、桃核、杏核等农作物和马、牛、骆驼等家畜骨骼。此外还出土灰陶片3万余片，主要器物为罐、盆、甑等。

回填后悬泉置遗址

悬泉置遗址出土文书

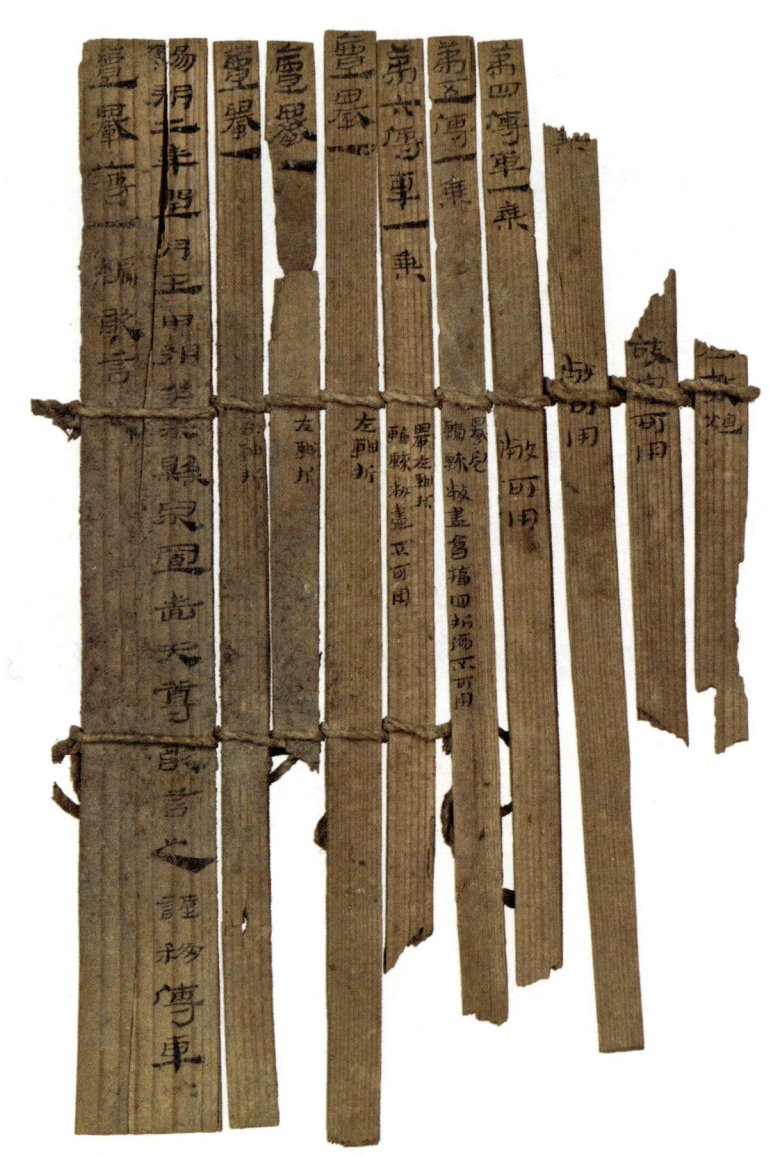

悬泉置遗址出土汉简

悬泉置遗址出土的文物，特别是简牍文书，数量巨大，内容丰富，保存完好，具有极其重要的历史、文化、科学和艺术价值，为今天认识两千年前的交通邮驿制度提供了宝贵史料，为复原和再现丝绸之路的繁荣景象提供了价值极高的实物证据。

悬泉置是中国第一次考古发现和发掘的汉代驿置遗址。它是汉帝国统一设立在丝绸之路上的国家驿置机构之一，曾担负过传递信息、接待官员、迎送过往使者的任务，是中国汉代乃至世界古代邮政事业的典型代表，是中西交通的重要标志和丝路文明的历史见证。悬泉置以其重要的历史价值在人类社会发展的长河中留下了光辉的一页，理应受到全人类的重视与保护。

敦煌汉代长城烽燧遗址

敦煌汉长城及烽燧在隔绝羌胡、断匈奴右臂、捍卫汉王朝国家安全、保证丝绸之路畅通、促进中西经济文化交流等诸方面发挥了极其重要的作用。

敦煌汉代长城烽燧遗址位于敦煌市区西、北、东戈壁上。东起豁壁墩、东碱墩与瓜州汉长城相连，由东向西沿疏勒河南岸，蜿蜒起伏，经东泉、条湖子东墩、河仓城、西泉西墩、盐池墩、哈拉淖尔、玉门关、马圈湾、后坑子、吐豁洛、天桥墩、广昌燧、湾腰湖……正西直入盐泽（罗布泊）。长城主线有烽燧98座，作为中华民族的宝贵文化遗产。敦煌汉长城及烽燧在隔绝羌胡、断匈奴右臂、捍卫汉王朝国家安全、保证丝绸之路畅通、

东碱墩烽燧遗址

促进中西经济文化交流等诸方面发挥了极其重要的作用。

长城见证了华夏文明的辉煌,是中华民族林立于世界的精神标志,浓缩着炎黄子孙的家国情怀。

汉代长城

当谷烽燧

积薪

汉代"昌安仓"仓储遗址

河仓城自汉代到魏晋一直是长城边防储备粮秣的重要军需仓库。

汉代"昌安仓"仓储遗址，即今河仓城，位于疏勒河以南的湖滩南岸的低洼沙滩上，东有东泉，西有西泉。西南距小方盘城11千米，东南距今敦煌市区约65千米。城建于高3.8米的风蚀台地上，呈长方形，夯土版筑，内外两重城墙，东西长134.8米，南北宽18米。城内有南北方向的两堵墙，把内城隔为东、中、西三个相连的储仓，每间仓库约有30多米长，仓库的南面留有一门，仓库的南北墙壁上各有一排对称的三角形小孔，用来通风。外围的东、西、北三面加筑有两重围墙。第一重尚存有

河仓城

仓亭燧

断墙，四个角还有土墩建筑的痕迹。第二重围墙则只剩北面土墩痕迹，其他三面的建筑包括仓库的屋顶早已荡然无存。城外的戈壁高地上，专门筑有仓亭燧守护河仓城，一旦外敌来袭，即可点燃烽火。

伦敦藏唐《敦煌录》有河仓城储军粮的记载。1943年，西北科学考察团历史考古组曾在此城发掘出石碣一个，上刻"晋泰始十一年"字样，考古人员还挖掘出大麦、糜子、谷子等粮食。这说明，河仓城自汉代到魏晋一直是长城边防储备粮秣的重要军需仓库。驻守玉门关、阳关、长城、烽燧，以及西进东归的官兵将士粮食、衣物、草料供给，全部从此库中领取。

这些物资并非常人所想象的由驼队、马车穿越戈壁沙漠运输至此，而是利用靠近疏勒河的优势，先将粮草从各地征调至酒泉、敦煌后，由负责漕运的军卒从疏勒河上船运而来，囤积于此。然后根据沿线各驻守部队的需要，一一分配后，再船运而去。这样做，既提高了速度，又降低了风险，还节约了成本，可谓一举三得。

今天我们深情讲述敦煌故事、传递中国声音、服务国家"一带一路"倡议的珍贵文化遗产。

千年敦煌，随中华民族和国家命运兴衰沉浮，虽历经沧桑巨变，但凝结其中的崇高唯美、开放包容、向善守正的丝路精神值得全人类珍视，国相交在于民相连、心相通，人类命运休戚与共，对话、友谊永远是人类文明进步的正途，这正是敦煌文化的真谛。

第二章 丝路枢纽
千年敦煌的变与不变

遥望两关,日暮苍茫天涯,丝路漫漫,何以为家;沙州万家灯火阑珊;危峰东峙,一缕佛光普照。

一封家书,千年牵挂,渡尽劫波,历经沧桑守望;反弹琵琶,飞天御风而翔,四季风物,悲喜抉择,呈人世永恒镜像。

敦煌绿洲处于河西走廊最西端,是丝路商贸团队不远万里、跨越雪山冰川、大漠戈壁到此区域唯一能进行补给休整和交易的中转站,特殊的丝路枢纽位置,留下了众多关隘城址、驿站粮仓、庙宇道观等人文遗迹,经第三次全国文物普查,敦煌人文遗迹总数达266处。

西云观

西云观建筑与壁画的保存对于研究道教在敦煌地区的发展具有重要的史料价值。

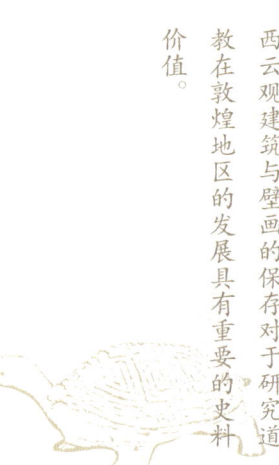

西云观始建于清雍正八年（1730）。传说西王母曾居敦煌三危山，乘青鸟往来于瑶池之间，因而东来紫气，西呈祥云，登古城而晚眺，见霞光辉于垣西。当地群众遂集资修观于斯，故名西云观（又名栖云观）。创建之初，仅有歇山式的前、后殿各1座，南北配殿各5间。民国时期，曾两次续建，使该观殿堂错落，楼阁相望，雕梁金碧，彩画生辉，为市内一"香火胜地"。三月三踏青，游人如织，盛极一时。

近年来，敦煌市集资对殿堂、泥塑、壁画进行修复，

西云观

为敦煌旅游又添一景。现为敦煌道教协会活动场所。主体建筑有山门、钟楼、鼓楼、灵官殿、真武殿、三清殿、七真殿、八仙殿等十余座殿堂。灵官殿内"鲁班窗"，真武殿内壁画、砖雕，灵官殿内屏风具有较高艺术、文物价值。三清殿壁画及照壁花鸟屏风画四幅，线条流畅，技法娴熟，特别是一幅"麻雀啄谷图"，形象逼真，栩栩如生，有"壁画惊疑道子工"之赞。西云观是敦煌目前保存最完整的道观古建筑，对研究敦煌清代历史、民俗、建筑艺术、建置布局设计有较高的参考价值。观内的《西游记》故事彩色悬塑、"鲁班窗"和花鸟屏风画在当地号称三绝。现为甘肃省级文物保护单位。

敦煌西云观作为道教寺观，从其保存壁画内容上看，既有道教题材内容，也有佛教题材内容，可以明显地观察到佛教思想与艺术形式对当地道教建筑艺术的影响。明代敦煌地处关外，道教在敦煌地区处于衰微状态。清代时恢复领土，道教在敦煌地区有所恢复发展。众所周知，敦煌地区以佛教圣地闻名遐迩，莫高窟在1000多年前就为敦煌打上了佛教烙印，然而，在敦煌市内，却保留有规模完整的道教寺观，题材明确的主题性壁画。因此，西云观建筑与壁画的保存对于研究道教在敦煌地区的发展、敦煌地区佛教与道教的相互发展关系、清代道教在西北地区的影响与作用，具有重要的史料价值。

西云观壁画具有明显的清代特征，特别是灵官殿壁画，属于同时期西北地区壁画佳作。中国清代绘画，在当时政治、经济、思想、文化等方面

西云观内壁画

的影响下，呈现出特定的时代风貌。康熙、雍正、乾隆年间，是清代社会安定繁荣时期，绘画上也呈现隆兴景象。人物画有传统的工笔重彩和白描画法，还有吸收西法比较写实的画法；花鸟画有宗法黄筌的工笔写生和恽寿平的没骨法；山水画则多属"四王"派系，唯大写意画法则未在宫内传布。这一时期，最负盛名的人物画家有焦秉贞、冷枚、金廷标、丁观鹏、姚文瀚等；山水画家有唐岱、徐扬、张宗苍、方琮等；花鸟画家有蒋廷锡、邹一桂等；还有一批供奉内廷的外国画家，如郎世宁、王致诚、艾启蒙等人。他们带入西洋画的明暗法、透视法，创造了中西合璧的新画风，还培养了不少弟子，深受皇帝器重。清代宫廷绘画自嘉庆（1796—1820）以后，日趋衰微，已无可以称道的画家。

同时在民间，地方的民间画工还组织了各种行会，主要有壁画、版画、年

"东极宫"北壁壁画局部

画等画种。壁画方面不如前代发达,各地寺庙、道观、宗祠、会馆留存遗迹不少,但足以代表时代水平者不多。民间画像较明代有所提高,在写实技法、表现形式等方面均有进一步发展。

值得注意的是,自传教士来到中国,西方的绘画技术也逐渐传入中国。一些具有高水平西洋画艺的传教士得到中国统治者认可,成为宫廷的御用画家。在供奉宫廷的数名欧洲传教士画家中,以意大利人郎世宁的画艺上佳,影响较大,存世作品也最多。郎世宁、王致诚等为了适应中国皇帝的欣赏口味,在欧洲油画的基础上吸收中国画的技法,形成了独特的画风。现代意义的科学透视法随着传教士画家一起在这一时期被引入中国。它运用几何学、物理学、光学等学科知识,为的是在平面的画幅上更真实地表现出自然界的立体状貌。这种与中国传统技法迥异的绘画方法随欧洲传教士进入了清朝内廷,郎世宁对于这一绘画方法的传播起了极为重要的作用。雍正年间学者年希尧在郎世宁的帮助下,首次出版了在中国介绍西方绘画焦点透视法的专著《视学》,序

"鲁班窗"

言中特别说明曾受益于翰林画院的"郎学士"。宫廷向外，焦点透视法在中国民间绘画中开始得到普遍应用。我们在西云观灵官殿十王图中可以清晰地看到西洋透视法在壁画中的应用。

除了在透视法上借鉴了西方的方法，西云观灵官殿壁画同样保留了传统中国绘画中的各种技法。同时也保留了敦煌壁画中各种常用的绘画叙事手段，将道教故事采用当时典型的技法进行了描绘，具有特殊的地方代表性，成为不可多得的壁画佳品。

西云观除了珍贵多彩的壁画外，"鲁班窗"也是其具有代表性的文物。关于"鲁班窗"的由来，有这样一个故事。传说，西云观即将竣工的某一天，观里来了一位老道，不要上好的木料，反而捡拾木工们燃烧取暖用的废木料。木工们表示不解，老道也不解释，只说烧了可惜。不久，当工人们休息好了准备开工的时候，发现一个个精巧玲珑的木窗，镶嵌在灵官殿的正楣，不大不小正合适。木匠们一时惊得目瞪口呆，不约而同地一齐跪下，刚喊了声"师傅"，老道忽然不知去向，于是人们传说这是"鲁班显圣"，以后就将此窗叫作"鲁班窗"。此窗原物现存于敦煌博物馆。《重修敦煌县志》载，清代举人赵学诗作有西云观诗"窗棂奇制鲁班技，图画精拟道子工"，即指此。

敦煌南仓

敦煌南仓的构筑不仅规模宏大，而且营造也切合规范，巧筑奇构体现了"百年大计，质量第一"的设计思想和施工理念。

敦煌南仓始建于清乾隆四十三年（1778）。整体布局为近正方形院落，占地面积10978平方米，各仓房建筑形制及结构一致，均为七檩中柱式硬山顶，面阔5间，进深2间，土木结构，平面呈长方形。

清统治者清醒地认识到，"安西孤悬塞外，积贮最为紧要"，敦煌南仓从乾隆四十三年（1778），始建名"恒丰粮仓"，到清代晚期的光绪年间，恒丰粮仓共建粮仓72栋400余间，是清代西北地区大型军民两用储备粮仓之一。清代粮仓是清代的国家仓库，收缴的粮食作物有

敦煌南仓

敦煌南仓

小麦、粟谷、青稞等，油料作物主要是胡麻。

　　敦煌南仓的构筑不仅规模宏大，而且营造也切合规范，巧筑奇构体现了"百年大计，质量第一"的设计思想和施工理念。敦煌南仓贯彻了自古传承下来的粮仓建筑技术和施工的基本要求，仓房朴素，坚固耐用；选择高燥向阳之处，远离人群聚居的城区以避免火灾发生；在建筑材料的选择方面，也是选取当地耐朽细密的胡杨做仓室主干，时至今日，仍完好如初。

　　从外观看，敦煌南仓仓室是"人"字形土坯房。从内部看，整个粮仓全是用口径40厘米左右的圆木搭起的框架，大梁与柱子是用阴、阳卯连接起来的。屋顶是由红柳、芦苇编制的笆席铺盖的，极适合敦煌地区的气候环境。

粮仓门闸板及木柱有墨书标识。柱上墨书"敦80穆天禄一根长1太尺叩送国部""敦张树林梁一根叩送国部"。穆天禄、张树林应为当时人名，"叩送国部"即捐献国家的意思。墨书记载了修建粮仓时，有农民捐献梁柱的情况。粮仓房顶椽上用的代替芦席的笆席全部产自当地红柳，因专门为敦煌南仓提供仓顶笆席而得名"笆子场"。库内的柱、梁、檩、椽等也全部由敦煌西湖的胡杨树做材料。仓库只有仓顶两个骑脊天窗，天窗下面的房顶也只有红柳笆，不抹泥草；天窗四周用红柳条压成鸡毛层，既可防雀害、雨淋，又可通风透气。粮仓院内有石制消防池。

南仓对研究清代仓廪制度的发展，以及仓廪的分布、建筑形制、地区差异、清代在敦煌地区的社会管理制度等方面具有较高的历史价值。

南仓距今已有230余年历史，之所以能完整保存下来，因其具有严谨的布局结构，科学合理的设计，完备的抗震措施，优异的防潮、防鼠、防虫害、防霉变功能。因此，南仓的设计、结构、材料对现代粮仓的建设具有较高的借鉴价值，同时也是研究中国古代建筑技术史不可或缺的实物材料。

火神庙

> 火神庙是俗称，其全名称是火德真君庙，是过去敦煌民众信徒拜祭火神的道教寺观。

火神庙大殿据《重修道光志》记载，始建于清同治元年（1862）。平面成长方形，东西长15.35米，南北宽11米，建筑面积168.85平方米。大殿坐北向南，硬山两面坡三开间，前卷棚出廊。现存主体大殿一处，大殿修筑在用青砖砌筑的台地上，台地高1米，青砖长0.28米，宽0.13米，厚0.6米。殿基础青砖砌筑，墙体土坯砌筑。目前火神庙建筑保存大殿一座，保存较好，基本保持原状。

火神庙大殿具有敦煌道教与佛教两者相互借鉴、互相补充的关系。火神是代表五行中"南方火"的神祇，所代表的星宿就是荧惑星。建火神庙

火神庙

火神庙正殿东壁（局部）

多半是基于对火的畏惧。因为过去的建筑多半是木造，极易遭受火灾，建火神庙是希望得到火神庇佑，免火灾的肆虐，信徒拜火神的目的是要跟火神搞好关系。火神庙是俗称，其全称是火德真君庙，是过去敦煌民众信徒拜祭火神的道教寺观。火神庙大殿建筑风格具有明显的清代特征，呈现出特定的地方时代风貌。因修建时处于清代社会安定繁荣时期，火神庙建筑

火神庙正殿西壁（局部）

风格上也呈现兴隆景象。火神庙大殿建筑完整，主体艺术得到保存，对于研究敦煌地区清代道教建筑、建置形制、布局、表现艺术具有重要价值。

　　道教是我国土生土长的传统宗教，它与同属于中国传统宗教的古代原始宗教、民间宗教、国家祭祀等渊源极深，而且在发展中互相影响，关系十分密切。道教的发展一般分为汉魏两晋时期的起源、唐宋时期的兴盛、元明期间全真教的出现和清以后的衰落四个时期。众所周知，敦煌地区以佛教著称，敦煌市内保留有完整的道教寺观不多，因此，火神庙大殿建筑的保存对于研究道教在敦煌地区的发展、敦煌地区佛教与道教的相互发展关系、清代道教在敦煌和西北其他地区的影响与作用，具有深远的历史价值。

白马塔

> 佛都敦煌塔寺林立,其中当属白马塔形制巨大,保存完好。

佛都敦煌塔寺林立,俗有"三步两道桥,一里五座庙"之说。形制巨大、保存完好者当属白马塔。

敦煌白马塔坐落在党河西岸沙州古城东南一隅。1981 年被甘肃省人民政府公布为省级重点文物保护单位。

白马塔为 9 层,高 12 米,直径 7 米,建筑结构为土坯垒砌。中为立柱,外面涂以草泥、石灰。最底层呈八角形,用条砖包砌,每角面为 3 米;第 2—4 层为折角重叠形;第 5 层下有突出的乳钉,环绕一周,乳钉上为仰莲花瓣,间隔匀称,布局饱满;第 6 层为覆钵形塔身;第 7 层为相轮形;最顶层为六角形的坡刹盘,每角

白马塔

挂风铎一只。

白马塔前代修缮状况不详，唯根据现第2层上镌石"道光乙巳桐月白文采等重修"、镌木"民国二十三年八月拔贡朱文镇、吕钟等修"字样，知道道光和民国时期曾对该塔进行过两次修缮。

该塔历史记述寥寥，连道光辛卯版苏履吉修、曾诚纂《敦煌县志》也不曾记载。民国吕钟撰《重修敦煌县志》也仅以"旧城塔"名之，后面括号中注为"即白马塔"并概要记述："在敦煌郡古城内，高□丈计九层，址周□丈□尺，未知建始年代，民国二十三年邑人朱文镇、吕钟重修现。"现存的白马塔具有明代喇嘛塔的风格。据记载，白马塔于1930年还出土过一座0.9米的黑石造像塔，上刻《金刚经》，但不久就遗失了。

白马塔第2—4层为须弥座，第5层刻有仰莲花瓣的乳钉，都含有生育求子、多子多福的寓意。第6层为覆钵形塔身，即印度窣堵波原型中的半球体。窣堵波即浮屠，是梵语佛塔的音译。我国早期塔刹中几乎都有覆钵，值得注意的是，《五台山图》中的塔刹有二层覆钵的做法。第8层为六角形的刹盘，每角挂一只铸铁风铎。《洛阳伽蓝记》载："宝铎含风，响出天外。"第9层为连珠式塔尖。刹顶代表苍穹，火焰图案置于刹顶，取代了宝瓶或宝珠的位置。见于敦煌壁画的佛塔塔刹，以日月为饰，显示佛光普照。

最具特色的是第7层"法相轮形"。敦煌白马塔有11重相轮。相轮由印度窣堵波的具有象征意义的宇宙之树——竿和圆形伞状华盖演变而得。中国早期佛塔的塔刹几乎都有相轮。相轮的层数多为奇数。据《洛阳伽蓝记》记载,建于北魏熙平二年(517)的永宁寺塔"宝瓶下有承露金盘三十重,周匝皆垂金铎",据范祥雍先生校注:"《三宝记》《内典录》《续僧传》《释教录》《北山录》皆作'一十一重'。"此说在敦煌白马塔中得到确证。早期我国塔刹相轮多为三层、五层,十一重相轮的塔刹属国内罕见。

敦煌白马塔宝盖采用了汉民族传统建筑形式——飞檐。这是中国古代建筑在檐部上的一种特殊处理和创造,常用在亭、台、楼、阁、宫殿、庙宇的屋顶转角处。飞檐是其屋檐上翘,形如飞鸟展翅,轻盈活泼,是中国建筑上民族风格的重要表现之一。飞檐设计构图巧妙,造型优美的塔顶若飞举之势。清代李斗《扬州画舫录·草河录(上)》有:"香亭三间五座,三面飞檐,上铺各色琉璃竹瓦,龙沟凤滴。"

威仪四方的白马塔梵音声声,传颂着丝绸之路上民族融合、宗教交流、政治文化发展的历史长歌,其肃穆庄重、蔚为壮观的建筑风格为甘肃敦煌添上一笔独特的风情。

沙州城遗址

这座汉代土城,经受了两千多年的风风雨雨,尽管残缺不全,仍然顽强屹立。

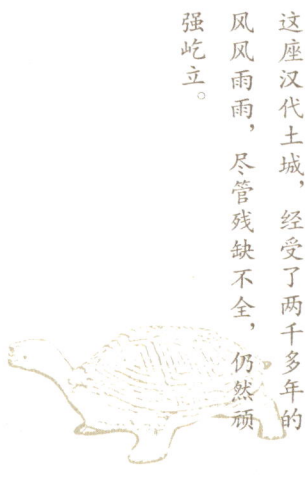

《后汉书》引《耆旧记》曰:"(敦煌)国当乾位,地列艮墟,水有悬泉之神,山有鸣沙之异,川无蛇虺,泽无兕虎,华戎所交,一都会也。"

敦煌沙州城位于甘肃省敦煌市党河西岸西七里镇白马塔村。《沙州城土境》曰:"沙州城,案《录》,前汉第六武帝元鼎六年甲子(庚午)岁,将军赵破奴奉命领甘、肃、瓜三州人士筑造。"赵破奴领修的敦煌郡城,遗址至今仍存。在今敦煌市区党河西岸,跨过党河大桥即到。犹存南、

沙州城遗址

西二面城垣，南垣长718米，西垣长1132米；城西北角有高大壮观的角墩遗址，残高仍达16米。赵破奴创修的敦煌郡城，其规制如何及面积大小都失去记载。今人根据故城南、西两面城垣共长1850米进行推断，认为东、北二面垣长亦当近之，推算出西汉时郡城周垣总长约为3700米，占地面积约81万多平方米。城东垣，于清雍正三年（1725）被洪水冲毁，基址痕迹尚可得见。北面城垣自清道光以来开辟农田、修建房舍，多被平毁，仅存自西北角墩向东一段，20年前犹长100余米，今则破坏殆尽。此城西汉建成后又经过西凉和唐天宝年间的两次大规模维修扩建，其西北角墩南侧西垣豁口剖面上清晰地显示出三次施工的遗迹。这座汉代土城，经受了两千多年的风风雨雨，尽管残缺不全，仍然顽强屹立，其原因，除了当年建筑时已着意其坚固性、永久性而严格施工要求之外，敦煌干旱少雨的气候条件也对其起了较好的保护作用。

汉武帝开通西域，此为郡城，东汉安帝时，西域诸国叛乱。永初元年（107），被迫罢西域都护。元初六年（119），邓太后下令设置护西域副校尉，代替原西域都护主管西域事物，配营兵300人，治所在敦煌。旧传敦煌沙州城西，曾有班超当年所掘大井数眼，"深不见底"。城内并有"塞柳屯名继父风"的班勇当年驻节敦煌的西域副校尉遗迹，可惜今不复存在。汉唐时期的沙州城是丝绸之路上的名城重镇，对繁荣中外文化，加强同西域诸国的经济、政治、军事等方面的联系都具有十分重要的意义。

李暠（351—417），十六国时期陇西成纪（今甘肃省秦安北）人，字

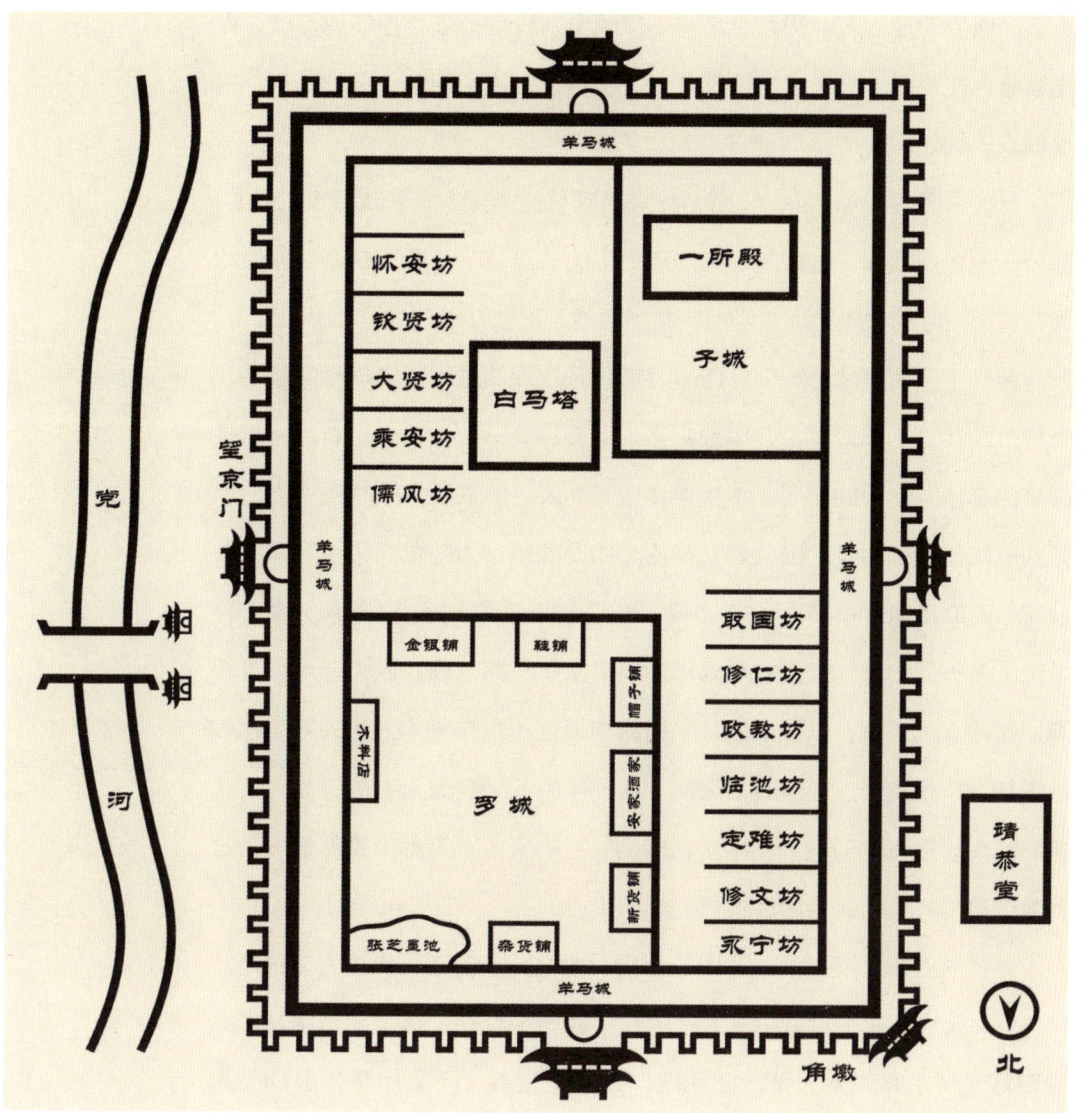

沙州城平面布局示意图

玄盛。西凉的建立者,为西汉名将李广的十六代世孙子。他能诗善赋,克己纂修,在敦煌大兴儒学,建靖恭堂、嘉纳堂,议论朝政,采纳民意,很得群众的拥护。

晋安帝隆安四年(400),晋昌太守唐瑶移檄六郡,推李暠为沙州刺史、凉公,领敦煌太守,这就是十六国历史上的"西凉"。西凉初期以敦煌城为都城,当时的敦煌"郡大众殷,制御西域,管辖万里""一时于阗致玉,鄯善前部王遣使贡其方物"。西凉时期,对敦煌城进行了大规模的整修,新建了靖恭堂、谦得堂、恭德殿、嘉纳堂等建筑,并在城中设有泮宫,是"高门学生"学习的场所,学生曾多达500人。后来酒泉被李暠所得,于是西凉国便迁都酒泉。因敦煌郡是西凉的发源地,为防止周边少数民族的侵扰,西凉建初十一年(415)重修了敦煌古塞城和土河。《册府元龟·外臣部·备御三》载:"西凉李暠修敦煌旧塞东、西二围,以防北虏;筑敦煌旧塞西、南二围,以威南虏。"西凉李暠是一个有雄才大略的人,他知人善任,广招英俊。在他统治期间,西凉境内的一些文人名流,如天文学家赵匪攵、教育家刘昞、史地学家阚骃、经学家宋繇等都来投靠他。当时的敦煌群雄齐集,成为西凉传播儒学的中心。

沙洲城有东、南、西、北四座城门。敦煌城东门在唐代称为望京门。P.3870《敦煌廿咏·望京门咏》写道:"郭门望京处,楼上起重阛。水北通西域,桥东路入秦。黄沙吐双堠,白草生三春。不见中华使,翩翩起虏尘。"

从中可知，东门建有高大的门楼，门外甘泉水上架有桥梁，以通往来。桥东夹道又建有双堠，以觇往来。

沙州城规制严整，唐宋沙州城分子城和罗城两部分。子城为衙署仓储区，子城在郡城西南部，面积小于罗城，所以又叫作"小城"。罗城为居民商贸区，巷陌纵横，商业繁盛，店铺、民居、馆舍、学校杂然错陈。子城城垣早被毁坏，地表痕迹全无；罗城北垣仅存西北角墩以东一小段（20世纪80年代尚长达百余米）。

根据现存遗迹可以推算出唐宋时期敦煌城罗城的周长约3700米，其子城周长为2400米（其中子城南墙即罗城北墙，一墙共用，长约600米）。

塞城是敦煌古代军事防御工事，为环绕郡城四郊绿洲之垣墙，故又称"外城"。据P.2005《沙州都督府图经》，东距城四十五里，南距城七里，西距城十五里，北距城五里（有脱文，疑当作卅五里），沿城设有亭侯。汉元鼎六年（前111）始筑，西凉建初十一年（415）重修。今存断续遗迹。

P.2005《沙州都督府图经》载，敦煌土河东至碛口亭，距州城五十一里一百步；北至神威烽，距州城三十七里；西至白山烽，距州城三十里；南至沙山，距州城七里。关于土河的修筑方法和作用，《通典·兵五》记载："于山口贼路横断道凿。阔二丈，深二尺。以细沙散土填平，每日检行，扫令净平，人马入境即知足迹多少。"

P.2005记唐宋时沙州护城河"阔四十五尺，深九尺"。濠水来源于州城西南之分流泉，泉水分流两道，环绕州城，至城东北隅合流北去，至城

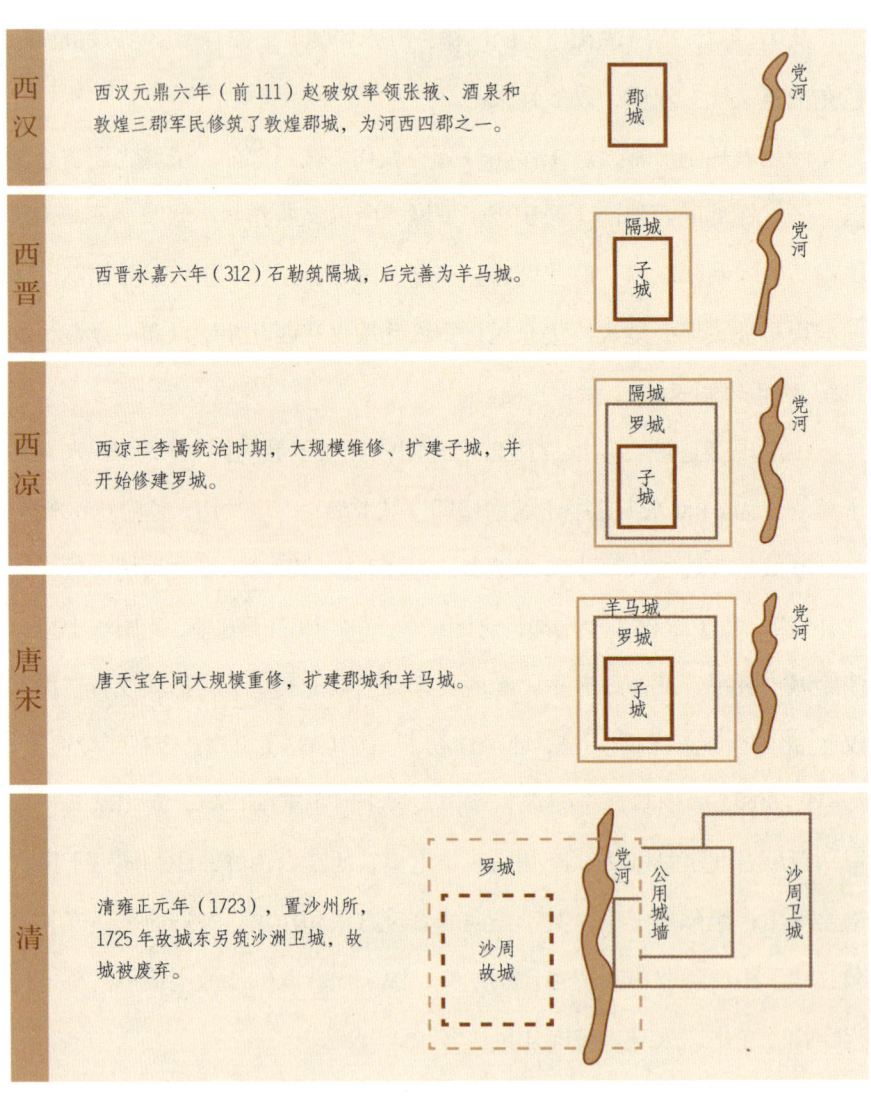

西汉	西汉元鼎六年（前111）赵破奴率领张掖、酒泉和敦煌三郡军民修筑了敦煌郡城，为河西四郡之一。
西晋	西晋永嘉六年（312）石勒筑隔城，后完善为羊马城。
西凉	西凉王李暠统治时期，大规模维修、扩建子城，并开始修建罗城。
唐宋	唐天宝年间大规模重修，扩建郡城和羊马城。
清	清雍正元年（1723），置沙州所，1725年故城东另筑沙洲卫城，故城被废弃。

敦煌郡城历史沿革简表

西汉时的敦煌郡城，唐代以来改郡为州，遂名沙州城。经历了汉、三国、晋、南北朝、隋、唐、五代、宋辽金、元、明。

北七里处注入甘泉水。其长度以今存郡遗址南、西二垣1850米计之，周垣约3700米，壕当略长此数。今除西壕尚略见遗迹外，南北二面壕沟皆已成平畴良田，东壕则已没入党河河床。

羊马城，又称羊马垣或羊马墙。其是在城壕内侧与城墙之间加修的隔墙，围绕城墙一周，在城墙与羊马墙之间形成圈栏，以备交战时圈养散处郊野的羊马畜群，同时，也为城池增设一道防线。其制起于西晋。《晋书·石勒载记》云："永嘉六年（312），石勒据襄国（今河北邯郸），晋遣王昌等率众五万将讨之。""时城隍未修，（石勒）乃于襄国筑隔城，重栅设障以待之。"石勒所筑"重栅设障"的"隔城"，即后世的"羊马城"。

城内文教兴盛，塔寺广布，见诸于敦煌文献的有氾咸庙（氾氏家庙）、仓慈庙、孟庙、李先王庙、李庙、张芝庙、社稷坛、西凉学校、唐代学校（州学、县学、医学）。

敦煌郡城共经历了汉、三国时期、晋、南北朝、隋、唐、五代、宋金辽、元、明、清。

敦煌郡城营建前后相沿近2000年，是敦煌悠久历史文化不可替代的重要见证，也是丝绸之路河西走廊西段最重要的绿洲城市遗址。郡城遗址所反映的城池营造手法、城垣走向是研究古城郡城选址、城墙修筑的重要实物，具有重要的历史文化价值。敦煌郡城见证了世界四大文明的交汇，古籍记述了当时城内的宗教繁兴，是丝绸之路中国段世界文化遗产的传承之所。

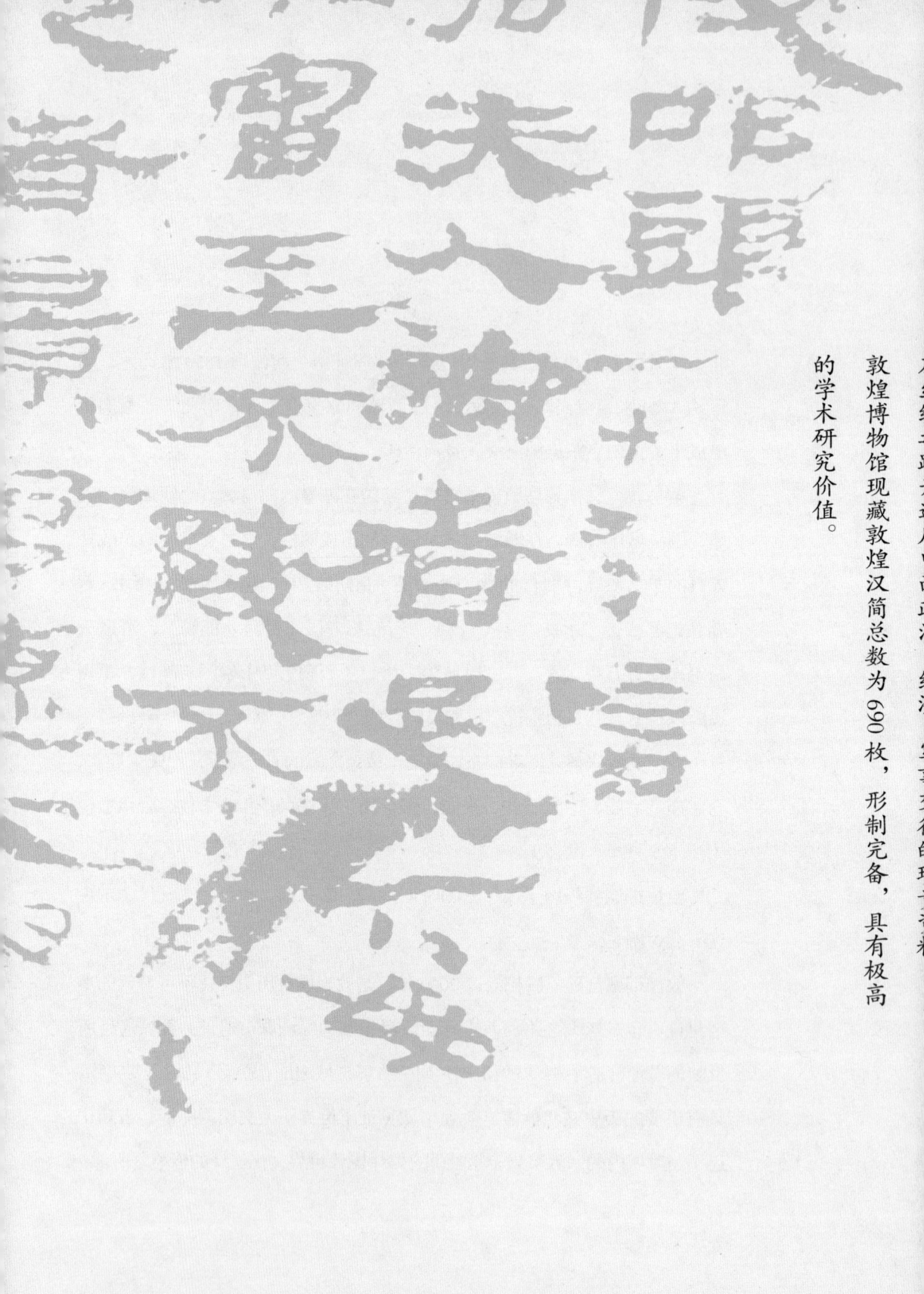

敦煌博物馆现藏敦煌汉简总数为690枚，形制完备，具有极高的学术研究价值。

第三章

汉晋竹简

汗青丹心的丝路故事

1907年，英籍匈牙利探险家斯坦因在从罗布沙漠到敦煌的汉代烽燧遗址中发掘出土第一批竹、木简牍，王国维称之为"流沙坠简"。此后，伴随丝绸之路考古人员和敦煌博物馆工作人员不断地考古调查，迄今已有12批、总数约40000枚汉简问世，因这些汉简均出自汉代敦煌郡地域内，故称之为敦煌汉简。王国维先生将孔子壁中书、汲冢书、殷墟甲骨文字、敦煌塞上及西域各处之汉晋木简、敦煌千佛洞之六朝及唐人写本书卷、内阁大库之元明以来书籍档册称之为"自汉以来，中国学问上之最大发见"。

清水沟历谱简册

清水沟历谱简册为编册横读式汉代历谱，是我国迄今发现的最早最完整的太初历谱简册。

  1990年出土于敦煌市清水沟汉代烽燧遗址的清水沟历谱简册现存27枚，尚存两道编绳，排列整齐，字迹清楚，以汉隶书写，为汉代地节元年（前69）历谱。本应由30支简组成，一简一日，此册缺失3枚，即一、二、三日。上端第一阑直书日期，从右至左，自四日至三十日；第二至第十三阑横书正月至十二月干支，干支下直书八节、时辰和历注。为编册横读式汉代历谱，是我国迄今发现的最早最完整的太初历谱简册。

  地节元年为闰正月，该历谱中，日数下为十三行干支，干支下置六节、时辰和建除、伏腊历注。六节分别是立春、立夏、秋分、立秋、立冬、冬至，综合佚去三简，可知佚者为春分、夏至二节气。它是已发现汉代历谱

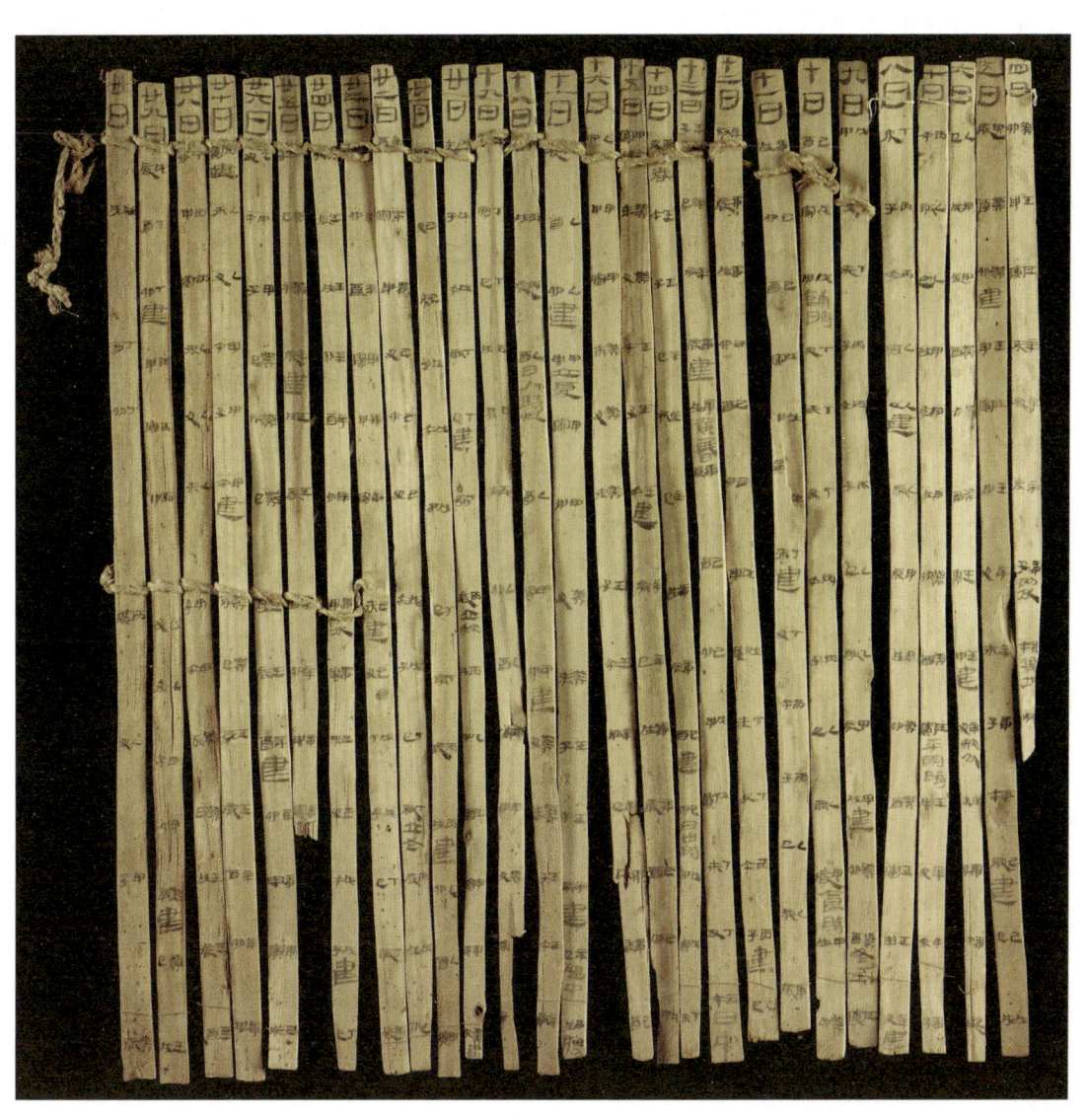

清水沟历谱简册

西汉地节元年(前69)
单枚简长36.1~37.1厘米,宽0.6~1.3厘米

中，用八节注历的最早实例。之所以使用八节注历，一个原因是八节在古代历法中的重要性，它是构成二十四节气和我国古代历法的基本要素，只要在历谱中注明八节，也就容易推算出二十四节气了，因此用八节注历，也就意味着用全部二十四节气注历。用八节注历的另一个原因是，在汉代，八节是重大祭日，皇帝在八节各日要带百官进行祭祀活动，祈求风调雨顺、国泰民安。

地节元年历谱中记有八个时辰，从八时所记干支来看，是按十二辰计时。该历将八时分置于不同月中，即八月寅平明、九月卯日出、十月辰食时、十一月巳隅中、十二月午日中、二月申铺时、三月酉日入时、四月戌黄昏。八时在每月里的安排顺序，是从八月干支中第一个十二地支的寅下置平明时开始，逐月下推，依次在每月第一个十二地支的卯、辰等八地支下，按序分置日出时、食时等八时。其中，除闰月外，还有正月、五月、六月、七月这四个月未置时。在推出所佚三简干支的历谱中，逐月以十二支相推来看，正月、五月、六月、七月这四个月中的未日昳、亥入定、子夜半、丑鸡鸣四个时辰，在原历谱中未设置。

该历谱三伏俱存，为初伏、中伏和后伏，是为了避免暑气的灾害而设立的祭祀。

该历谱历注中仅置一"建"字。"建除十二直"又称"建除十二神"。建除十二直是以建、除、满、平、定、执、破、危、成、收、开、闭十二字，配于历书每日十二地支之下，各主一定吉凶宜忌。至太初历时期的敦煌历谱建除十二直开始出现于历注中,但仅注一"建"字。"建"的安排是,正月(寅月)在十二支的寅日为建,二月(卯月)在卯日为建,以下就逐月按十二支为建,闰月不安排建。这种安排虽仅一"建"字,由于十二纪日地支同建除十二直均以十二为周期,每月的建日确定后,其他各日就可循序排列下去。直至东汉四分历时期,开始在历谱中注全了建除十二直的文字。从北魏太平真君十一二年历,敦煌文书唐宋县注历,黑城出土12世纪的宋版本历书,直到中华人民共和国成立前的皇历(即《时宪历》)一直沿用,影响深远。

太初历是我国最早根据一定规制而颁行的历法,它的制度可以说是划时代的。它问世后,一共用行了189年,对研究汉时期的历法有着极高的历史价值。太初历谱形式多样,当时纸张少,简册携带不方便,古代劳动人民极大地发挥了他们的聪明才智,创造了编册横读式历谱。太初历以生产实践为目的,内容以历法为主,其科学进步性为后世历谱所不及。

玉门关出入刺

> 刺是汉代的一种公文格式，类似于今天的通行证，一破为二就是为了准确验证过往人物的身份。

这枚简牍从中间一破为二，右侧文字为"阳朔四年吏妻"，左侧为"出入关刺"。刺是汉代的一种公文格式，类似于今天的通行证，一破为二就是为了准确验证过往人物的身份。

刺，溯《说文》本源，意为刺杀。简牍中有一类文书为了携带方便，在上端圆头网格纹中穿孔拴绳，因之也以刺名之。《释名》云："书姓名于奏白曰刺。"《后汉·祢衡传》载："建安初，来游许下。始达颍川，乃阴怀一刺，既而无所之，至于刺字漫灭。"元稹《重酬乐天诗》载："最笑近来黄叔度，自投名刺占陂湖。"宗臣《报刘一丈书》中也有"即门者持刺入，而主人又不即出见"的记载。

玉门关出入刺

西汉阳朔四年（前21）
长9.2厘米，宽3.4厘米
1998年敦煌玉门关遗址出土

    阳朔四年为西汉汉成帝刘骜的第三个年号，即公元前21年。"刾"，或作"刺"，在汉代有"名刺"与"事刺"之别，类似现在的名片。事刺是在交接过程中形成的一种特殊文书。结合玉门关的关防管理性质，本简应属于名刺，上面明确写有时间、身份信息，显然是用于出入玉门关人员的查验凭证。

清理司马丞屋上沙木牍

该簿册为小方盘城戍卒劳作簿，簿册明确记载了汉代玉门关戍卒职守的分工。

1998年，敦煌博物馆为配合小方盘城抢险加固工程，对城堡南面一小部分区域进行了考古调查，共获汉简130枚，其中一枚簿册文书就反映了汉代小方盘城经历沙尘暴洗礼的情况，简文如下：

二月廿三日乙巳卒十九人作簿

其一人削工　一人治席

一人门府门　一人治革

一人守库　一人治苇

二人养传马　二人治府上清

二人治外园

清理司马丞屋上沙木牍

汉（公元前202年—公元220年）
长15厘米，宽2.2厘米
玉门关遗址出土
编号Ⅱ98DXT2②：28

二人治内园

五人除司马丞舍屋上沙

该简为胡杨材质，就形制而言属牍。在造纸术发明前，把字写在狭长的竹片或木条上叫作竹简或木简；写在较宽的竹片或木板上叫竹牍或木牍。东汉王充在《论衡》中记载："竹生于山，木长于林，未知所入，截竹为筒，破以为牒，加笔墨之迹，乃成文字……断木为槧，柝之为板，力加刮削，乃成奏牍。"

从内容划分该木牍归类为官文书簿册。该簿册为小方盘城戍卒劳作簿，簿册明确记载了汉代玉门关戍卒职守的分工。其中，"五人除司马丞舍屋上沙"的记录从一个侧面充分说明小方盘城建筑曾经受过强沙尘暴的袭击，否则就不会专门安排戍卒打扫屋上沙尘，并且从事这一事项的戍卒是其他事项戍卒的2倍多，由此足见当时沙尘暴规模之大。因此这枚简也是研究敦煌历史地理环境气候变化不可多得的资料。

《风雨诗》简

该赋以戈壁大漠诡怪气象为对象来写景状物抒情,苦涩、牢骚而不失豪放,通篇贯穿个人身世之感、时事生存之悉,真实反映了西陲边塞戍卒艰辛的军旅生活。

我国古典文学蔚为大观,作品灿若星河,惜传世屡遭讹脱窜伪,以致今人难辨其本来面目。出土简帛中,虽文学作品鲜见,然属原始手稿,故其在文学史、目录学方面的价值弥足珍贵。

敦煌汉简,绝大部分为官文书,文学作品完整者仅此《风雨诗》简,据《敦煌汉简释文》并句读如下:

日不显目兮黑云多,月不可视兮风非沙;从恣蒙水诚江河;洲流灌注兮转扬波。辟柱槙到忘相加,天门俫小路彭池;无因以上如之何!兴章教诲兮诚难过。

《风雨诗》简

汉(公元前202年—公元220年)
长24厘米,宽2.6厘米
敦煌哈拉淖尔湖岸T.22d烽燧出土
编号2253

此简为斯坦因第三次中亚考察时，在敦煌哈拉淖尔湖岸 T.22d 烽燧（甘肃省考古研究所编号 38 号烽燧）西南侧灰堆中所获，斯氏编号 T.22d 021，现藏伦敦大英图书馆。

汉代前期以歌颂国势声威、美化皇帝文治武功的铺陈性大赋著称。东汉中叶后，宦官外戚专权，政治腐败，国力衰微，祸乱频起，汉赋从思想内容到体制和风格都开始转变，结构宏大、千言以上专以铺采摛文为能事的散体大赋衰微下去，反映社会黑暗现实、讥讽时事、抒情咏物的短篇小赋兴起，开始这一转变的是张衡的《归田赋》，后有蔡邕的《述行赋》、祢衡的《鹦鹉赋》。最具代表性的是赵壹的《刺世疾邪赋》。

王国维云："凡一代有一代之文学，楚之骚，汉之赋，六朝之骈语，唐之诗，宋之词，元之曲，皆所谓一代之文学，而后世莫能继焉者也。"2253 号敦煌汉简，乃东汉前期屯田戍边佚名士卒即兴创作的一篇无题汉赋。该赋以戈壁大漠诡怪气象为对象来写景状物抒情，苦涩、牢骚而不失豪放，通篇贯穿个人身世之感、时事生存之惑，真实反映了西陲边塞戍卒艰辛的军旅生活。品察该简牍遗文，形式上以"兮"字为衬，通篇句句押韵，语言上丰辞缛藻、大肆铺陈，艺术手法上体万物之情、穷极声貌的夸张。因此，从文学史文体嬗变的角度看，该简牍遗文当归入汉代小赋。

就文学水准言，该无题小赋细腻熨帖地展现了戍边士卒的性情世界，生动入微地展示了其志不获伸、意不得抒的情结，戍边士卒的生存环境、内心世界以及创作心态宛然在目。与传世汉赋相比，也不失为一篇难得的汉赋佳作。

墨书麻纸

以麻为纸,以墨成书,将千年前的生活记载,是残缺的历史痕迹,也是温暖的人间百态。

　　提到纸,传世文献多有记载,东汉宦官蔡伦乃造纸之父。其记载见于《后汉书·宦官传·蔡伦》:"(蔡伦)永元九年,监作秘剑及诸器械,莫不精工坚密,为后世法。""自古书契多编以竹简,其用缣帛者谓之为纸,缣贵而简重,并不便于人,伦乃造意,用树肤、麻头及敝布、渔网以为纸。元兴元年奏上之。帝善其能,自是莫不从用焉,故天下咸称'蔡侯纸'。"自此以后,纸方为天下人共同用之,得以推广。

　　1998年,敦煌博物馆工作人员在小方盘城南侧废墟中发掘出土了麻纸残片,其中一块有字,褐黄色,遗存的纸四周形状不规则,参差不齐,大致为三角形,面积约10平方厘米,上面字体墨迹清晰,书写工整,为隶书。

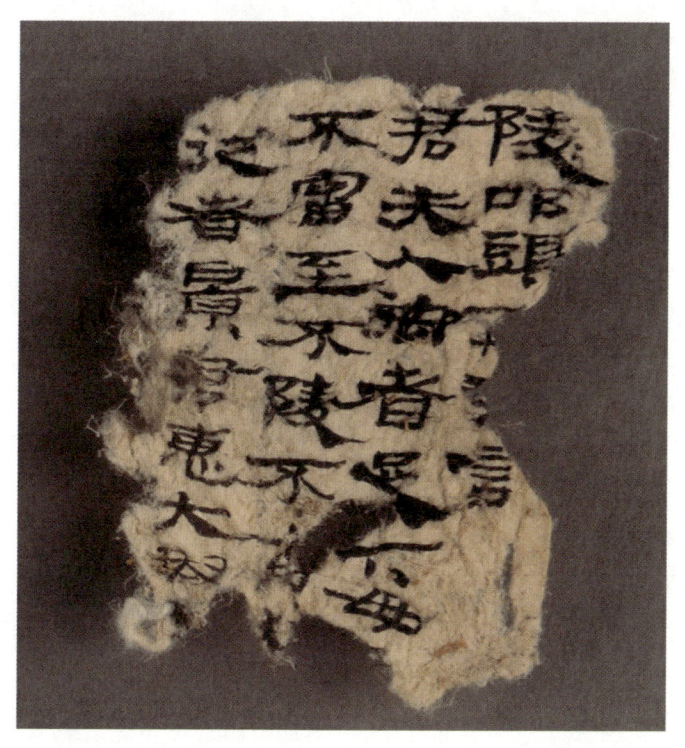

墨书麻纸

西汉绥和二年（公元前7年）
面积约10平方厘米
1998年敦煌小方盘城南侧废墟出土

残片残存 4 行 29 字，从右至左竖行书写，内容为"陵叩头再□言／君夫人御者足下毋／不审至不陵不□□／从者景君惠大□"。

从文字的内容分析，似为书信。这块麻纸与有纪年的西汉成帝绥和二年（公元前 7 年）简同出一层，这一记录比蔡伦造纸早了 113 年。

以麻为纸，以墨成书，将千年前的生活记载，是残缺的历史痕迹，也是温暖的人间百态。

一棵树烽燧缉令简

此次新获符信内容和格式的完整性为历次西陲敦煌、居延考古发掘所得简牍所无。这为管窥汉晋简牍时代官文书、符信制度提供了极为宝贵的原始物证。

2009 年，敦煌博物馆文物普查队在距玉门关西南 65 千米的西湖湾窑盆地中部新发现一座汉代烽燧，因烽燧所在地被当地百姓称为一棵树，故此烽燧暂定为一棵树烽燧遗址，在该遗址共获得简牍 17 枚，其中一件魏晋简牍"领扳龙勒令"对研究丝绸之路南北道历史和书法史上汉魏隶楷演变具有很高的参考价值。

简牍内容如下：

领扳龙勒令印，至煎都南曲德侦侯符信

今遣将张鲜，民吕埋子至煎都南曲。将张廖、民赵靖至且禽、五亭。

诸水泉、要道、南北贼所过之处，鲜等当兼道速行。若有纵迹入出，

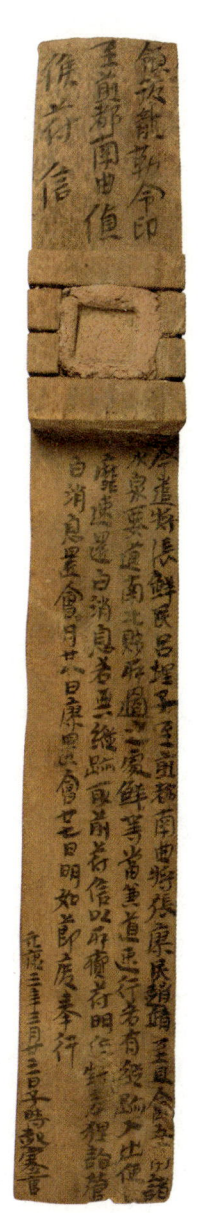

一棵树烽燧缉令简

西汉元康三年（前63）
长44厘米，宽5.8厘米，厚2厘米
2009年1月敦煌西湖湾窖盆地中部汉代烽燧出土
编号DY：01

便口靡速还，白消息。若无纵迹，取前符信，以所赍符明作封，度狸诣管，白消息。还，会月廿八日，廖还。会月廿七日，明如节度奉行。

元康三年三月廿三日子时起塞曹。

木牍文书就内容和性质来说，属符信，是派人送信，强调送信沿途需注意事项。如发现问题，及时报告。内容规定了在顺利通过的情况下，到达目的地的日期。发信者：龙勒县令。收信者：煎都南曲候德。发信日期：元康三年三月廿三日子时。开信处：县塞曹，即今边境管理处。值得特别关注的是，此次新获符信内容和格式的完整性为历次西陲敦煌、居延考古发掘所得简牍所无。这为管窥汉晋简牍时代官文书、符信制度提供了极为宝贵的原始物证。除此之外，木牍文书中所涉史地信息为传世文献所失载，因此，这无疑也是研究敦煌史地乃至边疆史地难能可贵的资料。

汉晋凉州刺史部，地处河西走廊，"地势西北邪出，在南山之间，南隔西羌，西通西域，于时号为断匈奴右臂。魏时复分以为凉州，刺史领戊己校尉，护西域，如汉故事，至晋不改"。处于走廊最西端、有"华戎所交一大都会"之誉的敦煌则是中原王朝扼守西域的军政中心和中西交通的桥头堡。历代苦于北方弧形包围圈的中原王朝，没落时只能放弃这一战略要地，一旦元气恢复则全力经营。西晋在庸暗无能的惠帝司马衷之际，皇后贾氏专权，社会动荡飘摇，已处于"八王之乱"前夜。内忧外患，北方少数民族及西域躁动。敦煌处在中原、西域、羌戎等各种力量角逐的中心地带，不安定因素日渐增多，龙勒县令派员沿水泉要道、大煎都侯官一棵树烽燧一线严密侦查和监控异常动静就是当时社会现状的反映。木牍封检所涉煎都、南曲、且禽、五亭等机构和地名，汉晋史书、后世敦煌地志大都失载，唯煎都敦煌汉简中常见，且在以前长城调查中已确定其位置。

通缉令

靠通缉令追捕缉拿罪犯,在没有影像技术的古代,不失为一种先进的手段,彰显了中华民族的聪明才智,令今世治史者不得不叹服。

释文如下:

宽中客美阳不审里男子田博,一名谭,字子真。

一姓王氏年廿五六,蔫(为)人:黄色、中壮、美发少须。

坐与宽中共投临泾狱宇,篡取死罪囚王博等舆偕亡勒,

亡时衣皂布单衣、白绔、□□□履弋,韦沓帻,冠小冠,带刀剑,

乘革色车,母盖。驾駹牡马。载黑弩二,熊皮服、箭囊各一,

箭百七十枚。中仲子穉载。

该简的内容大致是宽中的门客田博连坐犯罪,有仲子穉证言证实,通

缉令所描述情况、特征的客观真实性不容置疑。检索《汉书》，唯《儒林传》载宽中其人是儒学宗师、为成帝师傅，但是否就是郑宽中还有待其他直接材料旁证。

从字风、文书格式上看，该简当为魏晋简，是研究魏晋司法通缉的宝贵原始资料。内容是一封通缉罪犯的通缉令。由中央机关签发逐级下行，直至大煎都侯官一棵树烽燧，属"诏所名捕"类司法文书。只不过两千年后，简牍散落残缺，今人很难目睹完整的汉代司法协助缉捕文书罢了。

通缉令中对罪犯的年龄、姓名、容貌、犯罪事由、逃跑路线、交通工具、随身携带的装备都一一详加描述。靠此追捕缉拿罪犯，在没有影像技术的古代，不失为一种先进的手段，彰显了中华民族的聪明才智，令今世治史者不得不叹服。

通缉令

魏晋（220—420）
长23.2厘米，宽1.6厘米
敦煌一棵树烽燧出土

敦煌画像砖墓与嘉峪关、酒泉的不同点：其一是前者以墓葬照墙为施画区域兼及内室，而后者以墓室四壁为施画区域；其二是前者以神龛灵兽及历史故事为主，而后者以生活和生产的场景为主。他们的共同点：二者均饰以复杂的仿木构彩绘砖雕，以象征高坞深堡的庄园门阙。从砖画的内容可以看出，当时民间绘画的技艺已达到相当纯熟的程度，也反映出敦煌人民的精神文化生活因受到各种宗教文化的影响而非常的活跃。这也为佛教文化的发展与敦煌莫高窟的产生创造了条件。

敦煌佛爷庙湾西晋画像砖墓是敦煌汉唐文化的一个缩影。这些画砖题材广泛，与莫高窟壁画在绘画技巧和艺术风格等方面一脉相承，既具有当时文人士大夫所推崇的魏晋风骨神韵，又具有民间浪漫恣意的野趣，是时风的最好展现。墓室壁画是魏晋绘画最翔实的史料，中国美术史上最精彩的绘画遗存之一。其艺术价值有助于破解莫高窟渊源之谜。

第四章 魏晋画砖
前世今生的人间烟火

敦煌城东,鸣沙山、三危山以北,安敦公路以南,东西20多千米,南北4千米,方圆约80平方千米区域,留存大量魏晋墓葬,这就是考古界所说的佛爷庙—新店台墓群。

该墓群与闻名于世的莫高窟紧紧相连。1993年,在敦煌机场的建设过程中,经甘肃省和敦煌市两级文物工作者发掘清理,出土了大量精美的壁画和画像砖。墓中壁画和画像砖所表现的内容主要有4类:以各种神禽灵兽为代表的神话传说、历史人物、体现佛教文化内涵的动植物、当时社会的世俗生活画面。

西晋短暂统一后便长期干戈扰攘,唯西陲敦煌相对安宁,保持

李广骑射砖

> 此砖画不仅是传世最早的李广画像,而且也是李广"夺骑射胡"题材唯一的传世艺术品,十分珍贵。

20世纪90年代初,为配合敦煌机场扩建,甘肃省文物考古研究所和敦煌博物馆联合对敦煌机场附近的佛爷庙湾西晋画像砖墓进行了抢救性发掘,出土大量题材广泛和具有重要艺术价值、民俗价值、学术价值的十六国时期珍贵画砖。其中,除学者们津津乐道的反映道教思想的青龙、白虎、朱雀、玄武等画砖外,还有一块反映历史题材的骑射图画砖,同样让人叹为观止。该画砖骑射图上因有墨书"李广"二字,故考古工作者将其命名"李广骑射砖"。

画面上,一壮年男子一边骑马疾驰,一边返身回首,搭箭引弓。骏马嘶鸣,四蹄腾空,男子勇武,凝神聚力,烘托出千钧一发的紧张氛围。画面构图简洁，线条明快，色调清新，形神兼备，气韵生动，恰到好处地表达了古人对阳刚与力量的崇拜。

李广（？—前119），西汉陇西成纪（甘肃静宁）人，祖先乃秦朝将军李信，承继家学，精于骑射，胆识过人，史书多赞誉有加。

《汉书·李广苏建传》："广世世受射。孝文十四年，匈奴大入萧关，而广以良家子从军击胡，用善射，杀首虏多，为郎，骑常侍。数从射猎，格杀猛兽，文帝曰：'惜广不逢时，令当高祖世，万户侯岂足道哉！'"李广以善射崭露头角，并为文帝所青睐。自此，他登上汉代波澜壮阔的汉匈斗争军事舞台，开始了其富有传奇色彩的军旅生涯。

"广出猎，见草中石，以为虎而射之，中石没矢，视之，石也……广所居郡闻有虎，尝自射之。及居右北平射虎，虎腾伤广，广亦射杀之。""匈奴侵上郡，上使中贵人从广勒习兵击匈奴。中贵人者数十骑从，见匈奴三人，与战。射伤中贵人，杀其骑且尽。中贵人走广，广曰：'是必射雕者也。'广乃从百骑往驰三人。三人亡马步行，行数十里。广令其骑张左右翼，而广身自射彼三人者，杀其二人，生得一人，果匈奴射雕者也。""其射，见敌急，非在数十步之内，度不中不发，发即应弦而倒。"《史记·李将军列传》所载事迹无一不是其善射与胆识的脚注。唐代卢纶《塞下曲》："林暗草惊风，将军夜引弓。平明寻白羽，没在石棱中。"则是对其箭术之精的真实写照。

"胡骑得广，广时伤，置两马间。络而盛卧。行十余里，广佯死，睨

李广骑射砖

魏晋(220—420)
长30厘米,宽15厘米,高5厘米
1991年12月敦煌佛爷庙—新店台墓群出土

其旁有一儿骑善马,暂腾而上胡儿马,因抱儿鞭马南驰数十里,得其余军。匈奴骑数百追之,广行取儿弓射杀追骑,以故得脱。"据此度之,左图当为"李广夺骑射胡图"。

此砖画不仅是传世最早的李广画像,而且也是李广"夺骑射胡"题材唯一的传世艺术品,十分珍贵。现存敦煌博物馆。

李广自汉文帝十四年(前166)以良家子从军击匈奴,到汉武帝元狩四年(前119),将近半个世纪,与匈奴打过大小70余仗,威名远扬,使匈奴望风而逃,称之为"飞将军"。时任典属国公孙昆邪称赞:"李广才气,天下无双。"后世诗文也多加赞颂,"但使龙城飞将在,不叫胡马度阴山""君不见沙场征战苦,至今犹忆李将军"。然而,最后在与匈奴漠北大战中,失道延误战机,李广认为自己"终不能复对刀笔之吏",引颈自刎。壮志未酬,裂土封侯的人生理想被现实无情嘲弄,史家悲鸣怜惜,民间惆怅无数,正如太史公所云:"及死之日,天下知与不知,皆为尽哀。"

李广"历七郡太守,前后四十余年,得赏赐,辄分其麾下,饮食与士卒共之。家无余财,终不言家产事"。其宽缓不苛、为政清廉的品质暗合了民众对官员的道德期望,而这可能是其声名远播的深层根源。

李广驰骋疆场,戎马一生,以恢宏的气势开场,却以悲壮的结局落幕,正所谓"冯唐易老,李广难封"。《史记索隐》述赞:"失道见斥,数奇不封。惜哉名将,天下无双!"王维《老将行》:"卫青不败由天幸,李广无功缘数奇。"也对其命途多舛表达了深切的同情与不平。然性格决定命运,他曾"从太尉亚夫击吴楚军,取旗,显功名昌邑下。以梁王授广将军印,还,赏不行",也曾因个人恩怨借机斩除霸陵尉,据说任陇西太守期间,羌族试图谋反,李广使计诱降了羌族,投降的有八百多人,但李广违背了"降者不杀"的规定,将这八百多人在同一天处死。元狩四年(前119),随大将军卫青与骠骑将军霍去病深入漠北实施汉匈决战,李广自求为先锋,卫青未接受其请求,他竟恼怒,拂袖而去。心胸狭隘、公报私仇,我行我素、一意孤行,凡此种种性格上的缺陷,无一不是其日后酿成杀身悲剧的祸根。加之天时、地利、人和始终不济,以致终未能实现自己封侯的政治理想和抱负。特殊的时代和制度以及自身性格等多重因素造成的英雄悲剧,古往今来屡见不鲜,千载而下仍令人扼腕叹息!

李广"夺骑射胡"的历史题材画砖见于300多年后的西陲敦煌魏晋墓葬,一方面反映了墓主人对李广的敬仰和崇拜,另一方面也折射出了李广在民间的良好口碑。同时,也恐与其孙李陵在河西的活动及其影响不无关系。

李陵，少为侍中建章监。善骑射，爱士卒，颇得美名。武帝时曾率八百骑入匈奴境两千余里，观察居延（古城在今内蒙古额济纳旗东南）地形而还。曾任骑都尉，在酒泉、张掖练兵防备匈奴。

李陵的声名远播也为李广及其故事的代代相传提供了更广泛的群众基础。

伯牙弹琴砖

这两幅1600多年前的历史人物题材敦煌砖画是迄今发现最早的古代知音图画。

2015年,甘肃敦煌佛爷庙湾魏晋墓抢救性发掘出土大量极具历史考古和美术研究价值的画砖。其中的两块弥足珍贵,一块为"伯牙弹琴图",另一块为"子期听琴图"。画面色彩虽略显暗淡,但作者用笔洒脱,不拘细节,人物服饰飘逸,线条流畅舒展,弹琴者神态如醉,物我两忘,身心仿佛完全融入音乐的至美境界;聆听者神态如痴,清静如水,犹如虔诚的信徒在接受灵魂的洗礼。画面上,连一向叽叽喳喳的鸟雀,从旁飞过时也屏息驻足,为这荡气回肠的琴声所感染。

这两幅1600多年前的历史人物题材敦煌砖画是迄今发现最早的古代知音图画。比此前藏于北京故宫博物院的元代王振鹏创作的绢本水墨画《伯

伯牙弹琴砖

魏晋（220—420）
长28.8厘米，宽14.5厘米，高4.3厘米
2015年5月敦煌佛爷庙湾墓群出土

牙弹琴图》还早近千年。画砖形象生动地再现了"伯牙子期琴台遇知音"的完整场景，演绎了知音心心相印的千古佳话，同时也彰显了我国古代民间绘画艺术的无穷魅力。

"知音"故事溯其源，最早应当记载于先秦诸子文献。

荀子《劝学·第一》："昔者瓠巴鼓瑟，而流鱼出听；伯牙鼓琴，而六马仰秣。"

《吕氏春秋·本味》："伯牙鼓琴，钟子期听之，方鼓琴而志在太山，钟子期曰：'善哉乎鼓琴，巍巍乎若太山。'少选之间，而志在流水，钟子期又曰：'善哉乎鼓琴，汤汤乎若流水'。钟子期死，伯牙破琴绝弦，终身不复鼓琴，以为世无足复为鼓琴者。"

《列子集释》卷五："伯牙善鼓琴，钟子期善听。伯牙鼓琴，志在登高山。钟子期曰：'善哉！峨峨兮若泰山！'志在流水。钟子期曰：'善哉！洋洋兮若江河！'伯牙所念，钟子期必得之。伯牙游于泰山之阴，卒逢暴雨，止于岩下；心悲，乃援琴而鼓之。初为霖雨之操，更造崩山之音。曲每奏，钟子期辄穷其趣。伯牙乃舍琴而叹曰：'善哉，善哉，子之听夫！志想象犹吾心也。'"

初唐四杰之一王勃为滕王阁作序："杨意不逢，抚凌云而自惜。钟期既遇，奏流水以何惭？"表达了一介书生无路请缨、有怀投笔、渴望知音的心声。宋词《小重山》有"欲将心事付瑶琴，知音少，弦断为谁听"之句，则抒发了南宋岳武穆精忠报国却遭奸臣羁绊、壮志难酬的悲愤。

明代的冯梦龙则在《警世通言》叙中以《俞伯牙摔琴谢知音》为开篇，将这一源远流长的知音故事演绎到了极致。其实，翻检史书，会发现并无伯牙、子期二人史实的记载。不过正如《警世通言》叙所云：

"野史尽真乎？曰：不必也。尽赝乎？曰：不必也。然则去其赝而存其真乎？曰：不必也。……人不必有其事，事不必丽其人。其真者可以补金匮石室之遗，而赝者亦必有一番激扬劝诱、悲歌感慨之意事真而理不赝，即事赝而理亦真，不害于风化，不谬于圣贤，不戾于诗书经史。若此者，其可废乎？"

中国古代史学的传统长于微言大义而不大在意史实的真伪，源远流长的知音故事为此做了很好的脚注。

伯牙、子期的知音奇缘经荀子等先秦诸子绘声绘色地描述，加上后世骚人墨客形象生动地渲染，竟使两位无可靠史料佐证的传说人物，形象不断崇高伟大，最终在炎黄子孙的精神世界里，定格成千古传颂的知音典范。究其原因，实乃与封建时代知识精英常受专制和打压而造成的抑郁和落寞心态不无关系。

老子《道德经》第四十一章云："大音希声，大象无形。"一曲高山流水令古今许多心太软的骚人墨客唏嘘慨叹不已，然阳春白雪，和者必寡，事物的辩证法原本如此。

三足乌砖

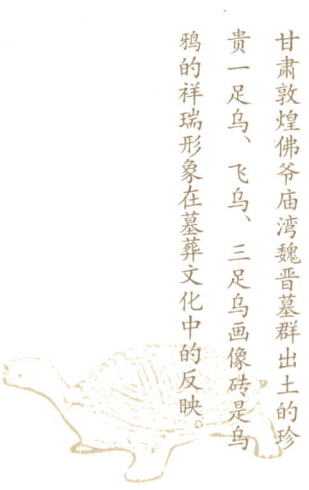

甘肃敦煌佛爷庙湾魏晋墓群出土的珍贵一足乌、飞乌、三足乌画像砖是乌鸦的祥瑞形象在墓葬文化中的反映。

乌鸦是中国传统文化中具有丰富象征意义的一种动物。最有意思的是，它兼具了中国古代人民两种截然不同的情感符号。它一方面是中国古代神话中的神鸟，备受人们推崇信仰，扮演光明吉祥的正面角色；另一方面，它又被赋予大凶不祥的寓意。

甘肃敦煌佛爷庙湾魏晋墓群出土的珍贵一足乌、飞乌、三足乌画像砖是乌鸦的祥瑞形象在墓葬文化中的反映。以乌墨分别绘制两只栩栩如生的乌鸦形象。

"三足乌"是中国古代神话中的神鸟之一。其形象是一只黑乌鸦蹲居在金光闪烁的红日中央，因而常称为金乌、赤乌。三足乌主要侍奉西王母，是汉族神话中的太阳之灵。司马相如《大人赋》云:"亦幸有三足乌为之使。"张守节《正义》云:"三足乌,青乌也。主为西王母取食,在昆墟之北。"唐代韩愈也曾赋诗:"金乌海底初飞来,朱辉散射青霞开。"

《山海经·大荒东经》:"汤谷上有扶木,一日方至,一日方出,皆载于乌。"《淮南子·精神篇》载:"逮至尧之时,十日并出,焦禾稼,杀草木,而民无所食……尧乃使羿上射十日。"又载"日中有踆乌",高诱注:'踆,犹蹲也,谓三足乌'。"《山海经》和《淮南子》记载了三足乌为太阳的精魂,形态为三足乌鸦,共有十只。它们住在东方大海扶桑树上,轮流由它们的母亲——羲和驾车从扶桑升起,途径曲阿山、曾泉、桑野等地。后来金乌作乱,十只同时上天,使大地被烤焦,被后羿用神箭射下九只,只剩下一只。

除了被赋予神鸟的浪漫色彩,乌鸦还因生活习性被人称为"孝鸟",更赋予忠贞之意。

乌鸦慈孝。《说文解字》曰:"乌,孝鸟也。"《小尔雅·广乌》云:"纯黑而反哺者谓之慈乌。"乌鸦反哺,寓意子女义不容辞,照料赡养年老丧失劳动能力的长者。东海之滨,江苏连云港尹湾汉墓出土一篇亡佚了两千多年但又基本完整的西汉赋——《神乌赋》载:

"春气始阳,众鸟皆昌,蛰虫彷徨。蠕飞之类,乌最可贵。其性好仁,反哺于亲。行义淑茂,颇得人道。今岁不祥,一乌被殃。何命不寿,拘丽此咎。欲循南山,畏惧猴猿。去危就安,自托府官。"

三足乌砖

魏晋（220—420）
长28.8厘米，宽14.1厘米，高4.4厘米
2015年5月敦煌佛爷庙湾墓群出土

这篇《神乌赋》用拟人手法铺陈讲述雌雄两乌艰辛筑巢相依为命、缠绵哀怨，以血泪控诉邪恶的感人故事：雌乌外出取材，归来遇盗乌偷其物资。雌乌和盗乌理论，反遭盗乌致命打击，弥留之际，雌乌叮咛雄乌一定要善待孩子。

乌鸦忠贞。它们从一而终、不折不扣地践行动物界的"一夫一妻制"，这种品质令人类赞叹。中国古琴曲中有一首名曲——《乌夜啼》，为南北朝时期表现爱情题材的西曲民歌。

虽然一部分文学作品中乌鸦极尽祥瑞之能事，但另一种观念认为乌鸦是不吉利的象征。唐代以后，乌鸦主凶兆的学说出现，唐段成式《酉阳杂俎》载："乌鸣地上无好音。人临行，乌鸣而前行，多喜。此旧占所不载。"

三足乌墨绘砖

魏晋（220—420）
长33厘米，宽16厘米，高6厘米
1995年5月敦煌佛爷庙湾墓群出土

因为乌鸦叫声不太动听，肤色不太亮丽，受尽了一部分人的"冷眼"。又因为乌鸦的嗅觉敏锐，传说能闻到腐败死亡的气味，所以被认为是不祥之鸟。今天有人忌讳别人说话不吉利，就以"乌鸦嘴"讽之。乌鸦喜欢聚合的习性也被人们嫌弃。《后汉书·耿弇传》载："发突骑轥乌合之众，如推枯折腐耳。"成语"乌合之众"就用来比喻没有组织、没有训练、像群乌鸦似的暂时聚集的团伙。

时至今日，我们从这件三足乌砖上已难窥魏晋时期人们对乌鸦崇拜喜爱的程度。但古人万物有灵的浪漫情怀，因时代变迁发生变化的情感好恶，仿若这只从砖石脱胎，通身乌黑又自带金光的神鸟，飞越千年时间长河，为今人所见。

夫妻宴饮图

> 夫妻宴饮图壁画也是敦煌目前出土的唯一一幅壁画，为重新认识中国古代思想史上三教融合的过程提供了难能可贵的图像资料。

敦煌佛爷庙湾西晋画像砖墓 91·M1 墓室后壁有一幅约 1.82 平方米的壁画。壁画绘于大方砖上，涂白，彩绘，此墙体向内凹 1 厘米，四边有小砖边沿，上沿有挂幔帐痕，并留有丝绸花蕾，画中男女主人盘腿对坐餐饮，神态悠闲。此幅壁画也是敦煌目前出土的唯一一幅壁画。

值得一提的是，象征佛教的莲花、象征道教的四神，还有世俗的儒教等三教文化元素共存于同一个墓葬空间，这为重新认识中国古代思想史上三教融合的过程提供了难能可贵的图像资料。

陈寅恪先生认为：儒、道、佛三教，中古以来并称"三教"，南北朝时，便有三教之现象，到了唐代，三教并行成为固定的制度。遇到了国家

夫妻宴饮图

西晋（265—316）
长90厘米，宽60厘米
敦煌佛爷庙湾西晋画像砖墓91·M1墓室正面墙壁作

庆典等大事时，皇帝便召集儒、释、道三教的优秀人士，到殿前讲经讨论。这三种思想对中国人传统精神的塑造尤为影响深远。中国文化"儒表道里"或"儒表佛里"的现象和开放自由的魏晋风骨在该墓葬呈现得淋漓尽致。

伏羲画像砖

伏羲在中国古代一直被视作创世之神和人类始祖并为人们所崇拜。

　　魏晋伏羲画像砖呈方形，砖面勾绘白色边框，白色涂底，墨线勾勒，红、黄、绿等色彩绘。人首蛇身，头顶三缕头发直立，脑后发丝飘起。下颏蓄胡须，肩长羽翼，手持规。胸部画有三道圆圈。圈内墨绘飞鸟，双翼展开呈飞翔状。伏羲尾弯曲成S状，上有墨线构成的网状并有朱色圆点。

　　伏羲，人首蛇身。《易经·系辞传》曰："古者包牺氏（伏羲氏）王天下也，仰则观象于天，府则观法于地，观鸟兽之文，与地之宜，近取诸身，远取诸物，于是始作八卦，以通神明之德，以类万物之情。"神话传说中，伏羲创立了八卦，伏羲八卦中所蕴含的"天人谐和"的整体性、直观性的思维方式和辩证法思想，是中华文化的原点。伏羲又教民作网用于

伏羲画像砖

魏晋（220—420）
长37厘米，宽37厘米，高5厘米
1991年12月敦煌佛爷庙湾墓群出土

渔猎，教民驯养野兽，还变革了婚姻习俗，发明了乐器，将音乐带给人间。根据长沙子弹库楚帛书的记载认为，伏羲时期已有天地，但仍是一片荒芜，于是伏羲娶妻，生子嗣，命名万物。因此，伏羲在中国古代一直被视作创世之神和人类始祖并为人们所尊崇。

托山力士画像砖

画像砖中的托山力士就是神力移山的五丁力士之一。

托山力士画像砖呈长方形。上部用粗墨线勾绘所托之山，下绘力士白色涂底，墨线勾勒，土红色彩绘。结发髻，髻尾较长，束巾，浓剑眉，环眼。袒上身，两臂粗壮，胸肌发达，下身着裤，赤脚。右腿蹲踞，左腿跪，两臂曲张做托举状。

托山力士，晋常璩《华阳国志·蜀志》载："时蜀有五丁力士，能移山举万钧。每王薨，辄立大石，长三丈，重千钧，为墓志，今石笋是也，号曰笋里。"画像砖中的托山力士就是神力移山的五丁力士之一。这五丁力士能移山，能举万钧重物。每当蜀王去世，都要立起一块巨石，石长三丈，重千钧，作为墓的标志，也就是今天看到的石笋，这些都是五丁壮士

托山力士画像砖

西晋（265—316）
长33厘米，宽17厘米，高6厘米
1995年8月敦煌机场墓群出土

立的，那个地方被叫作"笋里"。唐明皇李隆基有诗《幸蜀西至剑门》云："剑阁横云峻，銮舆出狩回。翠屏千仞合，丹嶂五丁开。"

洛书画像砖

洛书是中国古代人民智慧的产物，是一种关于天地空间变化脉络的图案。

洛书画像砖呈长方形，砖面勾绘红色边框。左向，兽体龟甲，兽首扬起，口衔书册，四肢呈行走状。

洛书，《尚书·洪范》云："天乃锡禹洪范九畴。"《孔安国传》云："天与禹洛出书，神龟负文而出，列于背，有数至于九，禹遂因而第之以成九类常道。"洛书古称龟书，是阴阳五行术数之源。其甲壳上有此图像，结构是戴九履一，左三右七，二四为肩，六八为足，以五居中，五方白圈皆阳数，四隅黑点为阴数。洛书是中国古代人民智慧的产物，是一种关于天地空间变化的脉络图案。它以黑点与白点为基本要素，以一定方式构成若干不同组合，并整体上排列成矩阵的图式。洛书上1～9个数象征天地

洛书画像砖

魏晋（220—420）
长29.6厘米，宽15厘米，高4.4厘米
2015年5月敦煌佛爷庙湾墓群出土

变化。古人认为万物有气即有形，有形即有质，有质即有数，有数即有象，"气、形、质、数、象"五要素巧妙组合，融于一体，以此建构一个宇宙时空合一、万物生成演化的运行模式。洛书常与河图一起，被认为是八卦推演的起源。

河图画像砖

> 河图本是星图,其用为地理,故在天为象,在地成形也。

魏晋河图画像砖呈长方形,砖面勾绘红色边框。画面呈左向,龙首兽身,颈系飘带,曲尾上扬,颈部及背部饰网格纹,四肢做奔跑状。

河图洛书最有名的出处是《易传·系辞》中的"河出图,洛出书,圣人则之"。汉《孔安国传》:"伏羲王天下龙马出河,遂则其文以画八卦,谓之河图。"河图洛书是远古时代人民按照星象排布出时间、方向和季节的辨别系统。在传说中有"河图洛书"出于黄河、洛水,其实"河图洛书"中的"河"不是指黄河,而是银河。河图本是星图,其用为地理,故在天为象,在地成形也。在天为象乃三垣二十八宿,在地成形则青龙、白虎、朱雀、玄武、明堂。河图之象、之数、之理,至简至易,又深邃无穷。

河图画像砖

魏晋（220—420）
长29.4厘米，宽14.6厘米，高4.2厘米
2015年5月敦煌佛爷庙湾墓群出土

神马画像砖

神马画像砖赞扬崇尚神马,用大胆构思与浪漫手法,将神马低首嘶鸣、飞驰向前、神采飞扬的状态画在砖上,表现了中国人奋发向上、豪迈进取的精神。

魏晋神马画像砖呈长方形,砖面勾绘灰色边框。左向,马低首,尾上扬,通体饰圆斑,四肢做奔跑状。

神马,据《吕氏春秋·离俗》篇载:"飞兔、要褭(袅),古之骏马也。"高诱注:"飞兔、要褭(袅)皆马名也,日行万里,驰若兔之飞,因以为名也。"《宋书·符瑞志》云:"飞菟者,神马之名也,日行三万里。禹治水勤劳历年,救民之害,天应其德而至。"古代人形容快马谓"飞兔神马",民间传闻西周的周穆王有八匹骏马,能日行三万里,堪称"飞兔神马"。神马画像砖赞扬崇尚神马,用大胆构思与浪漫手法,将它低首嘶鸣、飞驰向前、神采飞扬的状态画在砖上,表现了中国人奋发向上、豪迈进取的精神。

神马画像砖

魏晋（220—420）
长29厘米，宽14.8厘米，高3.8厘米
2015年5月敦煌佛爷庙湾墓群出土

有装饰性的规整图案,用以丰富建筑艺术表达。构图疏密有致,风格古拙、雄健。采用先模压后雕刻技法,使作品更精细、更立体。主要用于装饰建筑的外部构件,如照壁、门、窗、墙和屋顶等。照壁是具有屏障功能的独立墙体,砖雕的装饰重点在壁身部位。中国的砖雕艺术在古建筑中的使用长盛不衰,在不同的地域环境中开拓技法,挖掘题材,丰富表现手法,最终形成风格迥异的多种砖雕流派。持续绽放了近两千年之久。

工匠们在塑造这些画像砖时,以现实社会作为蓝本,融入非凡的想象力和创造力,在『仙凡幽明之间』形象地映现了古人精神和物质生活的方方面面。而其中最为出彩的,是河西走廊地区的敦煌魏晋壁画墓彩绘雕刻砖。这些画像砖形式多样、内容丰富,涵盖神仙异兽、宴饮起居、服饰车舆、建筑居所等多种题材,一砖一画、一砖一景,方寸之间奇幻多姿,艺术风格活泼鲜明,雕刻厚重古朴,线条简约有力,表现出强烈的魏晋风骨,生动展示了这一时期河西走廊浪漫多姿的人间烟火。敦煌彩绘砖雕是中国古代图像史学研究弥足珍贵的资料。从艺术史的源流来讲,这些艺术创作无疑是敦煌莫高窟壁画和彩塑艺术的先声。

第五章 魏晋彩绘雕刻砖

奇幻多姿的方寸之间

砖雕是中国传统建筑特有的一种装饰工艺,与木雕、石雕合称为建筑三雕。

作为传统建筑上的一种非常重要的装饰手段,是以青砖为载体,通过雕刻技法在青砖上雕刻出人物、花卉、山水、瑞兽、文字及吉祥符号等装饰纹样,从而形成独立的砖雕工艺品。这种朴实无华的装饰工艺,最易于与砖砌建筑浑然一体,使建筑产生和谐统一的视觉美感。中国砖雕历史悠久,匠心独运,是我国古代建筑工艺美术厚重的沉淀。砖雕发端于春秋战国,最早可以追溯到商周后期,陕西扶风周原遗址中出土的铺地方砖是迄今为止我国发现的最早的印有纹样的砖制品,可以说这一时期的印制方砖是砖雕艺术的最早形态。广泛使用于汉晋,至隋唐达到鼎盛。

宝象雕刻彩绘砖

敦煌魏晋墓照壁上的砖雕宝象寓意对人间祥瑞、天下太平的美好祈愿,同时也是中国古代思想史上儒道释三教融合最早的图像印证。

西晋宝象雕刻彩绘砖砖面浮雕刻出红色边框,边框内浮雕图案,凹进部分墨色饰底。图案为白色底,后以红、黄等色彩绘,墨线勾勒。垂首曲鼻,大耳剑齿。前肩和后胯处起翼,身上遍布羽状毛饰。背平有垫鞯,上彩绘四排波浪纹。四周点缀四瓣白叶花,花心点橘红色。面向右侧行进,神态安详。

宝象是佛教文化的经典意象,是佛陀的化身。象因其憨态可掬、诚实忠厚的形象成为全世界都非常喜爱的吉祥物,而在中国传统文化里,"象"与"祥"字谐音,故大象被赋予了更多的吉祥寓意。敦煌魏晋墓照壁上的砖雕宝象寓意对人间祥瑞、天下太平的美好祈愿,同时也是中国古代思想史上儒道释三教融合最早的图像印证。

宝象雕刻彩绘砖

西晋（265—316）
长33厘米，宽16厘米，高6厘米
2001年5月敦煌佛爷庙湾墓群出土

狯猁雕刻彩绘砖

以九尾相称乃源于狯猁尾短粗壮，中国传统文化中"九"为老阳之数，寓意生命长久、阅历丰富。

西晋狯猁雕刻彩绘砖砖面浮雕刻出红色边框，边框内浮雕图案。凹进部分墨色饰底。图案为白色底，后以红、黄等色彩绘，墨线勾勒。头顶有长角，兽首昂起，粗颈长尾，自颈以下均为羽状鳞，肩胛处有翼翅，下颔有须，四肢做奔跃状。四周点缀四瓣白叶花，花心点橘红色。

狯猁属猫科，体粗壮，尾极短，四肢粗长而矫健。在《山海经广注》中又称"九尾狐"。《山海经·南次一经》记载："有兽焉，其状如狐而九尾，其音如婴儿，能食人，食者不蛊。"《山海经》中的"蛊"，指房事过度成疾。《左传·昭公元年》载："晋侯求医于秦，秦伯使医和视之，曰：'疾不可为也。是谓："近女室，疾如蛊。"'…何谓蛊？对曰：'淫

猞猁雕刻彩绘砖

西晋（265—316）
长33厘米，宽16厘米，高6厘米
2001年5月敦煌佛爷庙湾墓群出土

溺惑乱之所生也。……在《周易》，女惑男，风落山，谓《蛊》三。""不蛊"，就是对男女房事没兴趣。《本草纲目》中许慎云："妖兽，鬼所乘也。有三德：其色中和，小前大后，死则首丘。或云狐知上伏，不度阡陌。或云狐善听冰。或云狐有媚珠。或云狐至百岁，礼北斗而变化为男、女、淫妇以惑人。又能击尾出火。或云狐魅畏狗。千年老狐，唯以千年枯木燃照，则见真形。或云犀角置穴，狐不敢归。"

　　猞猁的性情狡猾而又谨慎，善于静卧伪装，出其不意突击捕获猎物，很像狐，故"其状如狐"。以"九尾"相称乃源于猞猁尾短粗壮，中国传统文化中"九"为老阳之数，寓意是生命长久、阅历丰富。狐狸在中国人的意识中被视为动物中机敏老练性格狐疑者，因之，文学作品和影视作品中一向把年长狡诈者称之为"老狐狸"。

受福雕刻彩绘砖

> 受福大概在魏晋时期随佛教传入后形成的形象,寓意接受天地神明的降福。

西晋受福雕刻彩绘砖砖面浮雕刻出红色边框,边框内浮雕图案。凹进部分墨色饰底,图案为白色底,后以红、黄等色彩绘,墨线勾勒。头带短角,怒目暴睛,张口嘶啸。前膀羽状翼挺出,长尾加一附尾上扬,前肢平伸端捧一盘状物,后肢做奔腾状。四周点缀四瓣白叶花,花心点橘红色。

受福是神话传说中的一种神兽。在魏晋画像砖中形象不一,如双翼长尾兽,一手端着盆状物;兽面人身而有双翼(大致如畏兽),双手托盆状物。另外畏兽中有榜题名为寿福之象。大概是魏晋时期佛教传入后形成的形象,寓意接受天地神明的降福。兽面似犬首,人身长尾。头顶一独角,巨口张而呈笑意。左腿踞跪,右腿蹲。双手平伸端一圆底盘。两膀向后延

受福雕刻彩绘砖

西晋（265—316）
长33厘米，宽16厘米，高6厘米
2001年5月敦煌佛爷庙湾墓群出土

出长剑状尖翼。其状类于《山海经·海内北经》中的"盘瓠"。《山海经·海内北经》记载："犬封国曰犬戎国，状如犬，有一女子，方跪进杯食。"盘瓠，即"槃瓠"，是神话传说中一只有五彩毛色的狗。

砖雕彩绘力士

> 农耕文明倚重的是力量和阳刚,因此特别崇尚的是"力拔山兮气盖世"的力士,有托山力士之说。

西晋砖雕彩绘力士砖砖面高浮雕,图案先着肉粉色,后以红、黄等色彩绘,墨线勾勒。力士侧身,头戴冠,双目暴突,鼻隆起,上唇蓄八字胡。两臂粗壮做托举状,右脚蹲踞,左脚跪。

农耕文明倚重的是力量和阳刚,因此特别崇尚的是"力拔山兮气盖世"的力士,有托山力士之说。明代郑朴辑《蜀王本纪》中提道:"《秦惠王本纪》曰:'秦惠王欲伐蜀,乃刻五石牛,置金其后。蜀人见之,以为牛能大便金。牛下有养卒,以为此天牛也,能便金。蜀王以为然,即发卒千人,使五丁力士拖牛成道,致三枚于成都。秦道得通,石牛之力也。'"唐代张祜《读狄梁公传》有"五丁扶造化,一柱正乾坤"之句。

砖雕彩绘力士

西晋（265—316）
长16厘米，宽13厘米，高6.5厘米
2001年5月敦煌佛爷庙湾墓群出土

图案纹样，再用模子在砖上压印出画面，而后烧成砖。隋唐盛世，作为中西经贸文化交流的枢纽，敦煌经济、文化空前繁荣，称之为『沙府园境小长安』。其模制青砖技术逐渐炉火纯青，广泛使用在莫高窟、庙宇、墓葬各类建筑上，题材丰富多样，有动物、植物、人物以及几何图形。其中植物纹样品种较多，如莲花、宝相、石榴、忍冬、葡萄纹等。莫高窟铺地模制花砖保存于敦煌研究院，敦煌博物馆所藏模制花砖主要出土于佛爷庙—新店台墓群、墩湾、镇原梁、梁家堡等墓群和三危山的几座塔庙遗址。敦煌模制花砖构图工整，寓意吉祥，是研究我国古代手工业发展史和丝绸之路多元文化融合互动不可多得的宝贵图像资料。

第六章 模制花砖
寻常阡陌的工匠记忆

砖是我国古代使用最普遍的建筑材料，考古实证，以砖为建筑材料最早可追溯至仰韶文化时期，秦汉普遍使用，故有秦砖汉瓦之谓。先秦敦煌属游牧民族大月氏、乌孙活动区域，人民逐水草而居，对砖基本没有需求。汉武之世，列四郡，据两关，移民敦煌，屯田戍边，内郡制砖技术遂传到敦煌。一些世居敦煌的豪门望族不仅大兴土木，修筑殿堂庭院，也崇尚厚葬，兴建墓室。王符《潜夫论·浮侈篇》载："今京师贵戚郡县豪家，生不极养，死乃崇丧……东至乐浪，西至敦煌，万里之中，相竟效之。"

莲瓣纹花砖

虽仅寥寥数笔,却尽得写意之妙。

　　这块莲瓣纹花砖图案模制凸起成浅浮雕状。中部为莲蓬心,花瓣分两层,每层共四瓣如桃形,两层相错交叉构成图案。隋代莲瓣的瓣尖有圆状和尖状两种。莲瓣饱满圆润,荷叶舒张自如,笔法流畅,形象生动。虽仅寥寥数笔,却尽得写意之妙。这种新的装饰技法突破了以往刻画纹、印纹的局限,突破了多年来模式化图案的框框,使画面充满了勃勃生机。莲是一种多年生草本植物。古代又称芙蕖、芙蓉。《尔雅·释草》:"荷,芙蕖……其华菡萏,其实莲,其根藕。""芙蕖其总名也,别名芙蓉;江东呼荷;菡萏,莲华也。"在我国古代文学作品中很早就出现了描写莲的诗句。《诗经·陈风·陂》有"彼泽之陂,有蒲与荷"之句;屈原的《离骚》:

莲瓣纹花砖

隋（581—618）
长39厘米，宽37厘米，厚6厘米
1944年敦煌佛爷庙湾墓群出土

"制菱荷以为衣兮，集芙蓉以为裳。"此外，莲花作为佛教文化中的重要文化象征，是佛教偶像崇拜和佛教艺术中常见的图案。在有关佛教艺术的雕塑作品中，诸佛所坐的台座也多为莲花形。

千百年来，莲以它美丽的花形、芬芳的气质、不染纤尘的高洁品德深受世人的喜爱。将莲瓣刻在砖上或画在瓷器上，成为隋唐时期的一种流行。

葡萄纹花砖

> 葡萄晶莹剔透的形态、丰收祥和的吉祥寓意，成为工艺美术创作的重要题材，广泛表现于装饰图案。

　　唐代葡萄纹花砖是国家一级文物。该砖呈正方体，通体为青灰色，花砖质地细密坚固，厚重结实。砖的正面模制凸起的葡萄纹，背面、侧面均素面无纹。盘旋缠绕的叶蔓将砖面花纹分为四个既独立又呼应的画面，从葡萄的主干到枝条、叶子到果实，以及呈螺旋状下垂的细丝，在砖面上都清晰可见。

　　葡萄，古时又称蒲桃、蒲陶，张骞通西域之后从中亚、西亚经西域传入中原。敦煌地区是西域葡萄东传的必经之地。《前凉录·张斌传》也记载："张斌，字洪茂，敦煌人也。作《葡萄酒赋》，文辞甚美。"这说明在公元4世纪时，敦煌就已有用葡萄酿酒的传统。唐代诗人王翰"葡萄美

葡萄纹砖

唐（618—907）
长与宽均为35厘米，厚6厘米
1995年敦煌佛爷庙—新店台墓群出土

酒夜光杯"的诗句更是千古传唱。

　　葡萄因其晶莹剔透的形态、丰收祥和的吉祥寓意，成为工艺美术创作的重要题材，广泛用于装饰图案。

天马砖

此"天马"可以说是对史书所记汉敦煌渥洼池出天马的实物印证。

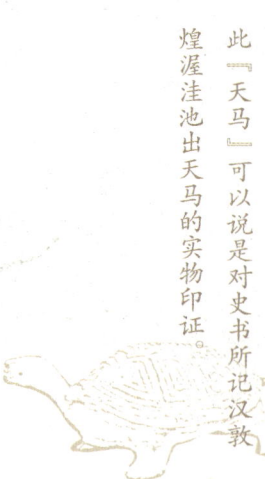

唐天马砖属于国家一级文物。它作为装饰用砖镶嵌于墙体基座。砖为模印制作，长方形，上有一匹高浮雕马，昂首扬颈，头有犄角，颈系飘带，肩饰浮雕羽翼，四足腾空，长尾飘举，躯体矫健。

此"天马"可以说是对史书所记汉敦煌渥洼池出天马的实物印证。据《汉书·武帝纪》记载，元鼎四年（前113）秋，天马出生在渥洼池水中。有《宝鼎》《天马》之歌。"太始二年三月，诏曰：……以馈宗庙，渥洼水出天马，泰山见黄金，宜改故名。今更黄金为麟趾褭蹄，以协瑞焉。"

天马砖

唐（618—907）
长42厘米，宽19.5厘米，厚8厘米
1982年敦煌三危山老君堂遗址出土

西汉稗史记述：一名叫暴利长的囚徒屯田敦煌时，设计捕捉到一匹野马，献与汉武帝，汉武帝见其马体态魁伟，骨骼非凡，起名为太乙天马，并作太乙之歌。

渥洼池出天马于是被天下所知，敦煌亦被称为"天马的故乡"。

伏龙砖

敦煌藏经洞出土的唐代写本中有关于"伏龙"的多条记载,有的绘有"伏龙"的形象,据此将此砖命名为"伏龙砖"。

唐伏龙砖砖面为龙首,曲角,巨口,长舌,颈后饰有火焰宝珠。身躯似犬,前肢立,后肢作蹲踞状,鬣毛后竖,长尾上扬。砖体及图案全为青灰色,呈长方体。有人称此砖为"天狗砖""麒麟砖",也有人命名为"龙首犬身怪兽砖"。敦煌藏经洞出土的唐代写本中有关于"伏龙"的多条记载,有的绘有"伏龙"的形象,据此命名为"伏龙砖"。

伏龙与青龙、白虎、朱雀、玄武四神并列,此四神为常见之神,敦煌遗书P.2615a《祭宅文》说:"左青龙,右白虎,前朱雀,后玄武,各居本位,守护宅舍,自然富贵,光显子孙。"在敦煌魏晋和唐代墓葬中多有四神砖出土,四神砖在墓葬中一般都有具体的放置位置。而伏龙是在不断游走,

伏龙砖

唐（618—907）
长39厘米，宽31厘米，厚6厘米
敦煌佛爷庙—新店台墓群出土

且"伏龙起土，五神赛之"，表明伏龙的主要危害是"起土"，所以在修造宅舍时要推算其所在之处，不能冒犯在某处潜伏的伏龙，必须避忌。

古人有着"事死如事生，事亡如事存"的伦理观念。因此，墓葬要按照墓主人生前生活的情景来安排。河西魏晋到唐代的墓葬从墓室结构到陪葬品都反映了古人的这个思想。此墓共出土四件陪葬的陶罐，其中三件绘有花纹。一件在肩腹部墨绘仰覆莲瓣七组，一件在肩腹部墨绘莲花云气纹，一件在腹部墨绘缠枝忍冬纹和道教符箓。可以看出佛、道二教的元素并存，说明墓主人生前对佛、道都有一定的信仰意识，同时也崇拜"玄武""伏龙"这些神祇。因此用伏龙砖铺设墓地也是基于他生前的信仰。

龙凤砖

> 这两块砖是敦煌五代花砖中的上乘之作,是古代敦煌人民智慧的结晶。

  1988年3月,在敦煌三危山一座道观——老君堂里出土了两块花砖,一块龙砖,一块凤砖,合称为"龙凤砖"。1996年国家文物局专家鉴定组来敦煌博物馆进行文物鉴定时,根据龙凤砖的特点将龙凤砖定为五代时期作品。

  龙凤砖呈对头状镶嵌在五代慈氏(弥勒佛)塔的塔壁与檐柱之间的小台壁上。该砖继承了唐代以来形成的模印花砖的特点,在此基础上又有了进一步发展,改变了唐代画面圆厚的风格。

  五代龙凤砖画面棱角分明,骨架清瘦,龙角、龙爪、龙须、凤羽呈三角状。龙身先曲后伸,起伏转折,龙首高昂,桀骜怒鬣,龇牙咧嘴,扬爪

龙砖

五代（907—960）
长52厘米，宽26厘米，厚8.5厘米
1988年3月敦煌三危山老君堂出土

凤砖

五代（907—960）
长52厘米，宽26厘米，厚8.5厘米
1988年3月敦煌三危山老君堂出土

搅尾，四爪凶鸷；凤鸟展翅飞翔，头顶如意金冠，展开的双翅为对称形羽翎，尾部羽翎呈放射状，嘴中衔一条从头绕尾的飘带，飘带上系两个同心结。整个画面以浮雕形式表现出来，龙凤活灵活显，形象逼真。

这两块砖是敦煌五代花砖中的上乘之作，是古代敦煌人民智慧的结晶。龙凤图案是道教审美理想的主要表现方式之一，表现出物我交融、虚实相生的独特美。其实，当佛教传入敦煌之初，僧俗及商旅常将佛陀与老子相附，道家的清虚、贵尚无为、好生恶杀与佛家的思想存在着相同之处，因此，佛、道往往相依互作，甚至佛、道不分。

《礼记·礼运篇》载："麟、凤、龟、龙谓之四灵。"龙和凤作为我国传统民俗文化的经典意象，在社会生活的方方面面广泛表达，在长期的发展变化中，逐渐形成了一种特定文化现象——龙凤文化。

魁星砖

科举时代,读书考试可以说是文人入仕的唯一途径,文神崇拜应运而生。人们通过崇拜文神,祈求得来好运,以寻求一种精神的寄托。

敦煌博物馆馆藏的魁星砖产自清代,通体青灰色,模制,长条形。砖上模印一魁星,站在鳌头上,魁星面目狰狞,青面獠牙,一副恶鬼的形象。一脚向后翘起,另一只脚站在鳌头上,左手捧斗,右手执笔,高举头顶,海水波浪汹涌,一只鳌浮在水面上,鳌头高立,凶猛有力,形如龙头,头上长着两只长角,龇牙咧嘴。

奎星原指中国古代天文学中的二十八宿之一,称为"奎宿"。《说文》曰:"羹斗为魁。"因四星排列成方形"如斗",又称"斗魁",又专指天枢星。后来,人们把中国古代主管文章兴衰的神,称为"魁星"。

科举时代,读书考试可以说是文人入仕的唯一途径。在这种情况下,

魁星砖

清（1636—1911）
长44厘米，宽26厘米，厚3厘米

文神的崇拜就应运而生。人们通过崇拜文神，祈求得来好运，以寻求一种精神的寄托。于是民间各地大兴土木，兴建文昌阁、魁星楼，供俸魁星、文神，其目的就是取得功名，光耀门族，兴一方之文风。

第七章

石塔陶俑

文明融通的丝路见证

北凉是十六国时期河西五凉地方割据政权之一。其立国者为当地土著匈奴的一支——卢水胡，其首领是沮渠蒙逊。沮渠一族崇经尚佛，痴迷开窟雕塔，遂成就后世广为称道的犍陀罗佛教艺术，经丝路传播至敦煌地区。在该地区北凉石塔上最为凸显。

作为中国现存最古老的塔例，目前所知，共有十四例。其中敦煌博物馆馆藏5例。

三危山石塔

> 这组八卦像姿态自然，刀法简练，各有表情，栩栩如生，是一件不可多得的石造像艺术品。

20世纪20年代，三危山石塔发现于敦煌三危山老君堂，后被当时敦煌士绅埋于三危山王母宫。埋藏之前，有人将石塔塔基线刻和塔腹文字拓了一份拓本，只是该塔出土时发愿文完全剥落，经文及刻像也有残泐。1981年5月，该塔又于敦煌市三危山王母宫出土。塔底有榫，高1厘米，有一面残损严重。北凉石塔是典型的圆锥形犍陀罗艺术形象，由八角形塔基、塔颈、相轮、塔盖、圆柱形塔身、覆钵形塔肩6个部分组成。塔上一周为八尊佛像，造像是过去七佛与弥勒。腹部刻一周《增一阿含经·结禁品》中的一段（为前半部分）内容，字体劲健有力。下刻一周八卦符号，分别代表西北、北、东北、东、东南、南、西南、西八个方位，即乾、坎、

三危山石塔

北凉（401—439）
高36厘米，底径13厘米
1981年5月敦煌三危山王母宫出土

艮、震、巽、离、坤、兑，也代表为父、中男、少男、长男、长女、中女、母、少女八种供养天人像，四男四女，均头光披巾，带项圈。

　　这组八卦像姿态自然，刀法简练，各有表情，栩栩如生，是一件不可多得的石造像艺术品。

沙山塔

塔体上圆雕錾刻了许多佛教造像和有关纹饰，又有道教的八卦符号，为研究中国早期思想史佛道融合的重要形象资料。

  中华人民共和国成立前，沙山塔出土于敦煌市城南戈壁边一座传为元代的土塔内，曾被驻扎敦煌的马步芳部队拿走，后由当地农民措资赎回，新砌在敦煌市杨家桥沙山塔龛中。1966年土塔被推倒，石塔由群众收藏，1978年交敦煌博物馆。

  沙山塔为花岗岩雕刻，色略黑。基座下部和上部局部缺损，其余基本完好。塔呈圆锥形，塔由宝顶、相轮、塔颈、塔肩、塔腹、塔基6部分组成。石塔造型古拙，仍保留着浓郁的西域风格。该塔是由发愿造塔者出资雕凿后，供奉在庙宇中作礼佛之用的。因此塔体上圆雕錾刻了许多佛教造像和有关纹饰，又有道教的八卦符号，为研究中国早期思想史佛道融合的资料。

沙山塔

北凉（401—439）
高59厘米，底径20厘米
1966年沙山塔龛中出土

□吉德造像塔

敦煌博物馆藏石塔将发愿礼佛和周易八卦、本土道教基因嫁接，既是中国古代思想史上三教融合的先声，同时也是丝绸之路多元文化交流的生动见证。

　　北凉□吉德造像塔，残高36厘米。原为敦煌市一私人收藏，1989年王法文捐赠给敦煌博物馆。出土地点不详。此塔现为3层，塔顶已残失，整体结构不明。塔底有榫痕。从残高和底径看，比较高大。此塔石质粗糙，工艺水平较差，塔面的残损和文字的残泐也较严重。塔基8面，高12厘米，上刻发愿文。5面刻文较完整，其余有一面被人工磨平，一面剥落，一面仅有三分之一处尚存一些字迹。现存文字部分，也因残泐严重不易辨识。

　　敦煌博物馆藏石塔将发愿礼佛和周易八卦、本土道教基因嫁接，既是中国古代思想史上三教融合的先声，同时也是丝绸之路多元文化交流的生动见证。

□吉德造像塔

北凉（401—439）
残高36厘米，底径18.7厘米

牵驼陶俑

> 敦煌唐墓出土的陶俑,姿态多样,造型逼真,对研究不同时代、不同民族的社会生活习俗、舆服制度及造型艺术都有重要价值。

从汉晋以来,敦煌即是昭武胡商和其他民族商人交易、居住的地方。隋唐时,随着敦煌商业经济的发展,丝路贸易的繁荣达到了鼎盛时期,敦煌也由此已经形成一个国际性商贸市场。昭武胡商已在此地聚族而居。斯坦因所获敦煌遗书《沙洲都督府图经》(S2005)载兴胡泊:"东西九里,南北九里,深五尺。右在州西北一百一十里,其水咸苦,唯泉堪食。商胡从玉门关道往还居止,因以为号。"意思是敦煌西北有一处湖泊,这里的水虽然咸苦,却是该区域少有可以提供水源的地方,丝绸之路上的胡商多在此停歇、补给,故称为"兴胡泊"。兴胡即兴生胡、胡商。他们的往来,促进了丝绸之路的发展和繁荣。而丝绸之路的畅通与丝路贸易的发达则反

胡人牵驼俑

过来又推动了胡商的规模。因此，在敦煌地区唐墓中就出现了陶俑。

敦煌唐墓出土的陶俑，姿态多样，造型逼真。这些陶俑，除了神话色彩较为浓厚的天王俑、十二神、镇墓兽等外，还有奴仆俑、舞乐百戏俑、士兵俑、骑俑、立俑等。他们的形象和服饰，都来源于当时社会生活。对研究不同时代、不同民族的社会生活习俗、舆服制度及造型艺术都有重要价值。

从敦煌铁家堡盛唐墓出土的陶俑来看，它们的性别不同，民族不一，姿态万千。特别是一个牵驼辫发男陶俑，通高69厘米，头发左右梳成两条辫子，盘结脑后。身穿至膝翻领长袍，腰束带，足蹬尖头长筒靴。深目高鼻，络腮胡须，面正向，目前视，双手作挽缰之势，这种形象也见于唐开元时期。但史料上却看不到哪个民族有男子辫发盘结的习俗。现今的藏族男子辫发，也可能就是唐时

唐汉人牵驼俑

唐胡人牵驼俑

吐蕃人的形象。

现在敦煌博物馆陈列展示着一件牵驼俑，它的形象吸引着中外观众。牵驼俑通高73厘米，戴帷帽，穿翻领交襟右衽至膝大衣，腰束带，足蹬尖头中缝长筒靴，目前视，双手作挽缰之势。面型和所见其他陶俑有较大区别。眉棱骨和颧骨特高，下颌骨方而突，高鼻深目，络腮胡须，属典型的丝路胡商形象。

杜甫的诗说"东来橐驼满旧都"，也就是说波斯商人和西域商人的商旅驼队、马队，络绎不绝地沿着丝绸之路往来于长安。中国内地除丝绸之外，陶器、漆器、竹器、冶炼、打井技术和先进的农业耕作技术及其经验也由中国客商和西方各国的使者、商贾带往西域。西方各国除宝石、香料外，骏马、玉器和一些农产品的品种、树种也传往中国内地。

望安居乐业，反抗残暴统治的拳拳家国情怀清晰记载于上述金石碑刻中。

千载而下，历史的烟云渐行渐远，但凝结其中的精神价值值得我们永远铭记。

第八章 金石碑刻
——千年敦煌的家国情怀

敦煌金石碑刻蔚为大观，敦煌学家郑炳林著《敦煌碑铭赞辑释》对莫高窟藏经洞出土的敦煌文献中记录的上起于唐初的《常何墓碑》，下迄于宋太平兴国五年（980）《李存惠墓志铭并序》，前后近360年的碑铭文字做了概详的述录。这些碑赞所记载的敦煌历史、敦煌名人名僧事迹为其他文献所不载或记述寥寥，对研究敦煌史地、名、物弥足珍贵。但专著中并未提及敦煌博物馆所藏的一定数量的金石碑刻文物，实乃一大遗憾。

敦煌博物馆所藏金石碑刻文物，上迄汉代熊足石砚，历经魏晋通信校尉铜印、铜弩机、唐五代《索勋碑》，下延至清末《抗

熊足石砚

> 汉代熊足石砚既是处理大量军情信息所必需的用具,也真实反映了汉代屯田戍边将士虽戎马倥偬、烽火不息,但仍乐观向上的军旅文化生活。

1988年,在敦煌南湖林场一座汉代墓葬的抢救性发掘中获得一方石质三熊足砚。砚体呈圆形,下有等距三足,均为圆目怒齿熊头造像,精雕细刻,小巧玲珑,惟妙惟肖。砚外缘有一圈下陷小台,似为盖子的合口,出土时盖已损坏。外缘还均匀分布一周等距离的水波纹。这方砚台虽材料粗糙、造型简单,但做到了因陋就简,就地取材,注重实用,一方面是处理大量军情信息所必需的用具;另一方面,也真实反映了汉代屯田戍边将士虽戎马倥偬、烽火不息,但仍乐观向上的军旅文化生活。

此前,收藏界根据目前所见的三国至晋初的一方青瓷三熊足砚,认为蹄足砚初制于西晋,洛阳、广州、安徽太和出土的三足砚以及敦煌熊足石

熊足石砚

汉（公元前202年—公元220年）
直径12厘米，高2.5厘米
1988年敦煌南湖林场汉墓出土

砚的发现则彻底颠覆了这一结论。同时，国家文物局专家组确认该三熊足石砚是为适应古人席地而坐的习惯制成的，是汉代砚台中最具代表性的作品。1996年，这方熊足石砚被认定为国家一级文物。

当然，地处丝路要冲的敦煌出土各种形制的汉代古砚与西汉移民拓边的战略不无关系。从西汉武帝始，至哀帝建平二年（公元前5年），敦煌除拥有相当规模的军事力量外，朝廷还先后把大量的获罪官吏、田卒及刑徒迁入敦煌。这批数量众多的移民成为中原文化向西陲边疆传播的使者，拓边百年后，敦煌就出现了张芝、曹全、氾胜之、侯瑾等一批著名的书法家、农学家、文学家。东汉时期的张芝可谓敦煌地区的名人。"书圣"王羲之最推崇的前辈书家有两个：一个是曹魏的钟繇，一个是东汉的张芝。据孙过庭《书谱》记载，王羲之曾说："吾书比之钟、张，钟当抗行，或谓过之；张草犹当雁行。然张精熟，池水尽墨，假令余耽之若此，未必谢之。"意思是："我的书法和钟繇、张芝相比，不相上下，甚至可以说还比钟繇写得好一点，但是和张芝相比，稍逊一筹。张芝之所以草书写得如大雁飞翔般自由，是因为他下了极大的功夫，他洗笔的池塘水都被墨染黑了，我要是能沉迷书法如此，未必不如他。"

张芝（？—192），字伯英，敦煌郡渊泉县（今甘肃省瓜州县）人。东汉书法家，被誉为"草书之祖"，是大司农张奂的儿子。

张芝出身名门，拒绝朝廷征召，潜心研习书法。擅长草书中的章草，将古代当时字字区别、笔画分离的草法，改为上下牵连富于变化的新写法，富有独创性，在当时影响很大。李志敏评价："张芝创造了草书问世以来的第一座高峰，精熟神妙，兼善章今。"可惜张芝没有真迹传世，仅存《八月帖》等刻帖，汉献帝初平三年（192），去世于家中，著有《笔心论》，与钟繇、王羲之和王献之并称"书中四贤"。

因为有了这些传播中原文化的人物，边陲便受到了中原文化的熏陶，这件熊足石砚就更多渗透着中原文化的特点，且与烽燧遗址出土的石砚一样，很可能是墓主人生前从中原运进，而且伴随了其一生。

古代"万般皆下品，唯有读书高"。读书乃士人利禄之途的敲门砖，所谓"书中自有黄金屋，书中自有颜如玉，书中自有千钟粟"是也。此类表达虽然属实，然在讲究含蓄的文人雅士看来也颇为露骨庸俗，故有唐庚"砚田无恶岁"的诗句和"但留方寸地，好与子孙耕"的民谚，道出了农业文明语境下安身立命的根基——耕田、砚田。由于读书、赋诗、作文须臾不离砚台，所以无论蒙童学子还是骚人墨客无不以守砚自标高格。有鉴于此，古代文人学士将其与纸、墨、笔一起统称为"文房四宝"。

圆雕龟

一方面，龟被古人视作长寿之物；另一方面，龟也具有镇守墓地的作用，具有一种威严感。

敦煌博物馆藏圆雕龟，龟背圆平，似为雄性。龟头、龟的四足、龟尾全部从龟甲中伸出，龟头高昂，龟四足站立状，尾尖高翘，龟背上有阳铸龟纹，龟腹部前胸有一孔，腹腔铸成空心，内有一滚动的圆珠，龟表面黑色。

一方面，龟被古人视作长寿之物，多在百岁以上，鲍照诗《松柏篇》云："龟龄安可护，岱宗限已迫。"褚少孙补《史记·龟策列传》载："南方老人用龟支床，行二十余岁，老人死，移床，龟尚生不死。"后来将龟床指隐居者的卧具。唐陆龟蒙《甫里集》载《幽居赋》云："龟床鹿帻，讶将隐兮何迟；橡饭菁羹，笑谋生之太简。"将龟放置在墓葬中，可能借喻墓主人高龄。

圆雕龟

晋（265—420）
长39厘米，宽18厘米，高15厘米
1987年敦煌七里镇晋代通信校尉墓葬出土

另一方面，龟也具有镇守墓地的作用，具有一种威严感，是墓主人身份地位的象征，更表达了墓主人及家人以龟为远人避害的吉祥物，并寄托祈求家运昌盛的美好愿望。乐府诗《步出夏门行》的第四章《龟虽寿》有言："神龟虽寿，犹有竟时。腾蛇乘雾，终为土灰。老骥伏枥，志在千里；烈士暮年，壮心不已。盈缩之期，不但在天；养怡之福，可得永年。幸甚至哉，歌以咏志。"

在谶纬迷信猖炽的时代，曹操清醒地表达了对自然生命规律的认识，慷慨高歌，一扫汉末文人感叹浮生若梦、劝人及时行乐的悲调，其所云"养怡之福"则深刻揭示了壮心不已、永不停止的理想追求和积极进取才是可得永年的真谛。

"通信校尉"古龟纽印

> 此枚印章的出土,十分准确地告诉我们墓主人生前官任"通信校尉"一职。

1987年在敦煌市七里镇三号桥魏晋墓中出土的一枚龟纽银质印。此印银质、方形,上端为龟形印纽,龟长2.2厘米,宽1.6厘米,龟做昂首状,四足站立,刚劲有力,造型逼真,工艺精湛。龟头龟尾从龟甲中伸出,前后两足之间的距离为0.7厘米,龟腹部有一小孔,可穿绶佩带,龟背上刻有鱼鳞纹饰,纹饰錾刻得细腻工整,阴刻篆书"通信校尉",加田字格,印文字体严谨规整。由于年代较久,银印表层已氧化,印体变为黑色。

龟在古代称玄武,属崇拜的"四灵"之一,是官印中最常见的纽制。《礼记·礼运篇》:"麟、凤、龟、龙谓之四灵。"可见,龟在古代人们心目中所占的地位。龟的形象用在印章上,具有降魔辟邪、以保安宁的作

"通信校尉"古龟纽印

魏晋（220—420）
长2.5厘米，宽2.5厘米，高2厘米，重74.8克
1987年敦煌七里镇三号桥魏晋墓出土

用。以印的形制和质地判断，具有典型的魏晋风格。

汉代印以印质、印纽和印绶区别地位高低，皇帝用玉玺、虎纽，皇后用金玺、虎纽，皇太子、列侯及丞相、太尉以下官吏分别用黄金印、龟纽，银印、龟纽，铜印、鼻纽。印绶也有紫、青、墨、黄等分别。魏晋时期的官印，纽制有龟纽、驼纽、鼻纽等分别。

校尉一职在秦时即有。西汉武帝时设八校尉，即中垒、屯骑、步兵、越骑、长水、胡骑、射声、虎贲，为西汉时掌管特种部队的将领。多随其职务冠以名号，其职位仅次于将军。东汉与西汉略同。魏晋时也设校尉。此外，掌管少数民族地区的长官，亦称校尉。如汉代在西域设置的戊己校尉，在西羌、乌桓分别设置的护羌校尉、乌桓校尉等。明清时把卫士称为校尉，但地位尤低。

由于此墓被盗，部分随葬器物被毁，墓的时代无法准确确定，此枚印章的出土，十分准确地告诉我们墓主人生前官任"通信校尉"一职。此职在史籍中未见记录，可能是由于战事需要临时设置，其职位高低与汉代的都尉相当，秩比二千石。关于通信校尉一职的具体职能仍需作进一步考证。

莫高窟第156窟中绘于晚唐咸通六年至八年（865—867）的《河西节度使张议潮统军出行图》主体部分，即张议潮马后帅军大纛旗及出行将士队伍中，有一骑士，身着蓝袍，骑一匹大红马，手持一面信黄旗，迎风飘扬，旗子中间题一"信"字，从画面内容来看，在张议潮的将士队伍里，应有专门负责通信联络事项的职官和军队。敦煌出土"通信校尉"也许亦像张议潮统领的一个部队里设置的负责通信联络事项的长官和专门机构,但这一机构的顶头上司是谁,现还无从可知。

"通信校尉"古龟纽印从一个侧面反映出敦煌在魏晋时期军事战略地位的重要性。1996年该枚印章被国家文物专家组定为一级文物。

"敦煌库"铜弩机

从"敦煌库"铜弩机外表光细程度和整体视觉效果看,当时弩机的制作工艺达到了相当高的水平,精巧细致经久耐用,至今看上去仍新如当初。

魏晋"敦煌库"铜弩机为国家一级文物。整体由青铜铸成,整个弩机为梯形状。郭壁厚0.1~0.2厘米,内空心,前大后小,在7.8厘米处两侧对称,垂直下陷0.3厘米,使弩机后半部为"T"字形,在郭上部平面有两个空隙,上下相通,一个为5.5厘米×0.8厘米,另一个为2.1厘米×0.8厘米,为安装照门、垫机、钩之用。郭上部平面左侧阴刻"敦煌库"等字样的铭文,字迹十分清晰。

弩机上部平面中间有一个从前到后的凹槽。下部平面为空"凸"字形,内径2.6厘米。弩机两侧面前后两头分别有两个直径1.9厘米装箭用的小圆孔。从照门末端光滑细腻的情况分析,该弩机使用的时间较长,照门、

"敦煌库"铜弩机

魏晋（220—420）
长10.07厘米，高3.7厘米，宽3.3厘米
1983年敦煌新店台DXM50号墓葬出土

郭（弩机的主体部分，即机身）表面除星星点点分布一些绿色铜锈外，铸件表面无凹陷、残破、人为损坏的痕迹，从弩机外表光细程度和整体视觉效果看，当时弩机的制作工艺达到了相当高的水平，精巧细致、经久耐用，至今看上去仍新如当初。

这件铜弩机在敦煌出土弩机中极为罕见。由于墓中无镇墓罐，葬墓主人的身份难以确定。在考古调查中，至今尚未发现敦煌魏晋时期的炼铜作坊和兵器制造厂遗迹，从出土弩机的质地看，非本地所造，似为中原运进。"敦煌库"铜弩机上的阴刻铭文应是该弩机入库前就刻上去的，其作用至少有三点：一是记录该弩机的出库地点，以便部队流动作战时与别库所出兵器有所区别，以防兵器流失；二是便于对该库兵器的出入情况进行登记和核对；三是防止使用和保管者贪污官用器物。

铜鸠杖首

这件鸠鸟造型的杖首，工艺质朴而传神，线条简练流畅，表面光滑细腻，鸠鸟静卧直视，形态自然优美，栩栩如生，且保存完整，实为难得。

1987年，在敦煌市七里镇三号桥村的一座魏晋时期的通信校尉墓葬中，出土了一件铜鸠杖首。这件铜鸠杖首由敦煌市公安局于1990年5月移交敦煌博物馆。

所谓"鸠杖首"就是把手杖的扶手处做成一只斑鸠鸟的形状。敦煌出土的这件鸠杖首为青铜质地，鸠鸟嘴巴紧闭，上下尖啄部相合，两眼凸起，鸠的顶冠部分高高耸起，立体感极强。下腹部为椭圆形，两羽紧贴腹部，且收合于一起，尾部短而扁平，整体素面无纹饰。另外，下腹部伸出像钉子一样的铜柱，应为安插连接杖身所用，鸠杖下部木制杖身早已碳化无存。这件鸠鸟造型的杖首，工艺质朴传神，线条简练流畅，表面光滑细腻，鸠

铜鸠杖首

魏晋（220—420）
高10.5厘米，宽6.6厘米，厚4.4厘米
1987年敦煌七里镇三号桥村出土

鸟静卧直视，形态自然优美，栩栩如生，且保存完整，实为难得。

　　鸠杖在先秦时期是长者地位的象征，汉代更是以拥有皇帝所赐鸠杖为荣。据《后汉书·礼仪志》记载，鸠鸟食道畅达，是"不噎之鸟也，欲老人不噎"，为此，鸠鸟又象征着长生不老。《周礼》中记载有周人献鸠敬老的风俗。甘肃武威出土的王杖十简，上面记载了若干保障老年人权益的案件。第一桩说的是汝南平民王姓男子殴打持杖老人，后来被判斩首弃市。第二桩说的是一名汉朝乡级的基层小官，因一位持杖老人有触犯法律的嫌疑，便擅自扣留老人，虽然没有殴打行为，但最后他也被处以极刑，斩首示众。由此可见，自汉代始，我国就已经将养老法制化，民间便将鸠杖视为朝廷授予七十岁以上老人保障权益的凭证。

《索公碑》《杨公碑》

《索公碑》《杨公碑》为同一石刻正反两面,他们"身世坎坷",清末存敦煌文庙中,破烂不堪。碑文损坏无从考证,碑已断为三截,胶泥粘连。

《索公碑》《杨公碑》为同一石刻正反两面。《索公碑》全称《大唐河西道归义军节度索公纪德之碑》,《杨公碑》全称《大唐都督杨公纪德颂》,现藏于敦煌博物馆,国家一级文物。

《甘肃通志稿·金石志(一)》载:

"索公纪德碑;在敦煌旧学署,纵二尺五寸,横一尺九寸,共二十四行,行约三十字。额作楷书十六字'大唐河西道归义军节度索公纪德之碑'。立碑年月已剥蚀不可考……徐松著《西域水道记》曾亲履碑侧谓嵌诸土壁,清光绪庚寅年(1890)学史胡景桂函敦煌知县张祥会访拓此碑,详会搜得于民间井栏盖,徐松见后复由土壁移作井栏石,又何怪滆谩已甚耶,及祥

《索公碑》

唐（618—907）
长168厘米，宽82厘米，厚20厘米

会搜得后乃移入学宫保存云。"

《杨公碑》"身世坎坷",清末存敦煌文庙中,刻于《索公碑》之背后,破烂不堪。碑文损坏无存考证,碑已断为三截,胶泥粘连。民国时国民三十九师驻敦煌,将文庙窗格牌位供作燃料,碑亦为其推倒,断成三截,其中两截做磨刀石,一截陷在泥马槽内。1933年5月,杨灿奉委至敦煌,派员整理检点残碑,凑集一处,无如边缘破坏甚过,字多漫漶,殊可惜也。后又遗失,遗失时间不详。

1959年冬天,有人在敦煌北台庙停车场发现遗失数十年的《杨公碑》《索公碑》的碑额和碑身。当时敦煌文物研究所所长常书鸿先生亲自前往查看,并建议拉回文化馆妥为保管。当时由于大雪弥漫,运输能力有限,只拉回了碑额,次日早上去拉碑身时,碑身已不见。碑身为何人盗走?这成为一桩悬案。

1966年7月,县"四清工作团"决定修建县阶级教育展览馆,下令拆毁北台庙用木料。县委、县人委干部在拆毁西面城墙时,发现墙边立有一无额石碑,当即告知文化馆。时文化馆馆长阎国海前去查看,认定是《杨公碑》的碑身无疑。因需请示,未及时拉回,后又下落不明。

1971年9月,甘肃省文物工作队郭德勇、赵之祥两位同志来敦煌,原敦煌博物馆馆长荣恩奇先生将该碑遗失情况和几年来了解的线索做了交流。根据线索,他们终于在敦煌市肃州镇祁家桥村一组的麦场边找到了遗失 5 年的《杨公碑》碑身。至此，几经磨难的古唐碑，终于身首相聚。

杨公应为杨予，曾做过瓜州都督，因唐代宗即位，代宗名豫，为避讳，杨予改名杨志烈。

据《索公碑》碑文记载，索勋（？—894）为唐沙州敦煌人，字封侯。西晋索靖后裔，张议潮女婿。大中年间曾跟随张议潮征河西吐蕃有功，特授昭武校尉持节瓜州刺史、墨离军押蕃落使等。景福元年（892）敕为归义军节度使兼沙、瓜、伊、西等州管内观察，处置押蕃落营田等使，银青光禄大夫、授定远将军、检校右散骑常侍兼御史大夫、开国公、食邑二千户，实封二百户兼赐紫金鱼袋。乾宁元年（894）张议潮十四女凉州司马李明振妻复立张承奉为归义军节度使。索勋的儿子继承索勋的职位，娶张淮深的女儿（P.3556）。索勋有孙子富进、富通、富盈。他的女婿是归义军节度使曹议金（莫高窟第 61 窟东壁北侧题记），今莫高窟第 9、第 85、第 98、第 196 窟皆有其供养像及题名。

晚唐敦煌文士张景球为索勋刻有《大唐河西道归义军节度索公纪德之碑》，碑文额题："大唐河西道归义军节度索公纪德之碑"。"授昭武校尉、持节瓜州诸军口口墨厘（离）军押蕃落二"，归义军管辖瓜州时，"修渠溉田，再葺州城内东北隅古寺一所，四厢创立，八壁重修，南建门楼，北安宝殿。复于城隅别建衙署。景福元年（892）秋九月之末，公特奉丝纶，任河西节度使"。

《抗粮碑》

追思往事,思张壶铭、张鉴铭二先生为民抗粮功不可磨灭,联名公请县署为先生立碑,以志不忘。

《抗粮碑》全称《清授武德骑尉甲午科武举张清善先生纪念碑》。

自清雍正年间迁户敦煌以来,农民辛劳,粮食连年丰收。但因城镇人口少,出现粮食价贱。陕甘总督查郎阿,见有利可图,遂于雍正七年(1729)以"关外粮价不足"为由,奏请朝廷"就地采买粮谷"。后经朝廷批准"着动支官银,照市价收购,存储公所,不可勒令粜出"(意思是清政府批复:由地方官府以官价收购,调剂余粮,出售多少听民自便。)当时称为"采买粮"。可查郎阿却硬性规定,农民每份地除交纳屯粮二石三斗零四合(约460千克)外,另纳采买粮四石(约800千克)。这种利归于官、害归于民的采纳办法,激化了官府与农民的矛盾,终于酿成了清末农民的抗粮运动。

《抗粮碑》

民国二十三年（1934）
高160厘米，宽70厘米，厚16厘米

1904年，敦煌武举人张壶铭等人，以"采买粮"为陋规，屡次要求减免，并联名呈请县署、知县汪宗瀚，免除"采买粮"。

汪宗瀚等以"事关成例，不肯免除"，并强加于参加联名上书的农民以非法罪名，捕拘王翰、朱永和、刘嗣徽等人，禁锢数月，以儆其余。然而，敦煌农民并没有被吓倒，数次往返请愿。1905年，张壶铭、朱永和、吴奉美、吴宝善、任发仓等人，赴兰州省府控告"采买粮"案。同时停止交纳"采买粮"。10月，省府委派直隶州候补道侯葆文赴敦煌调查此案。陕甘总督深恐激起敦煌人民的反抗斗争，将知县汪宗瀚调离敦煌。

第二年2月，陕甘总督委派黄万春接替汪宗瀚之职。黄万春到职后，恐农民滋扰闹事，于7月，在城东门外文昌宫设宴，邀约"采买粮"案内诸人和案外绅耆20余人，以息事为名，安抚众心。此行动，忤逆农民百姓之意，于是数十农民百姓，邀众人于途中，怒骂厮打归顺官府之人等，或毁诸人门楼，以泄其愤。

黄万春知其计不行，诬陷朱永和、刘嗣徽等人，以挟众抗粮为罪名，派兵抓捕，拟监禁五年。虽然官府采取各种手段，企图动摇敦煌农民抗粮斗争，但人民的反抗斗争越来越高涨。

1907年3月，王家彦奉命接替黄万春赴任敦煌知县。此时，朱永和、刘嗣徽等抗粮志士被逼走。王翰、张鹏万等人重受惩创，多萌退志，有许可之意，而张壶铭兄弟却不松懈，"拒不纳"。

1908年5月1日，张氏兄弟以念经祈祷神灵为名，秘密召集民众大会，号召农民行动起来，坚持抗粮斗争。县令王家彦听到消息，恼羞成怒，诬陷张壶铭兄弟"大忤王旨"。并于当年6月14日，派官兵何林带巡勇20名，于半夜潜入城东张家堡子，搜捕张壶铭。张壶铭中弹受伤，张壶铭兄弟张鉴铭乘空隙出走，所剩张氏男女老少，全部遭殴打侮辱，财产也被洗劫。张壶铭在被连夜押送至县署途中死亡。天亮后，敦煌百姓闻听张壶铭被羁押在监狱里生死不明，皆气填胸臆，群情沸腾。

于是，3000多敦煌民众从四面八方汇集而来，蜂拥入城，齐赴县署。守在衙府高门上的众巡勇们举枪轰击，血腥弹压，但百姓们为解救张壶铭，虽枪林弹雨而不顾，喧嚣雷动，冲破县府衙门，寻找张壶铭。见张壶铭已死，被放置在署西马王庙，众百姓更是愤慨难忍，必欲生啖王家彦而甘心。众百姓寻遍府衙不见王家彦，愤不能泄，将县署内器物任情摔砸，并打死巡勇14名，而后，一哄而散。

王家彦知道事态已经扩张，便急驰报安西州署。甘督电令州牧，安西副将张某、玉门游击康某弹压。8月，安肃道署差提王家彦、何林和张壶铭的堂兄张鉴铭赴省对狱。当庭对四次。又要提添谢文等16人。这16个人，皆抗拒不到。后来，肃州镇总兵柴洪山提兵百余名，催解谢文等16人。这16人早已闻讯，躲逃避之。唯有谢文一人首先慷慨投案，正言道："大家作事，如何令少数人赴难也！"于是，谢全、谢大伦、李正贵、李正基、任发仓、韩禄6人皆投案。

抗粮斗争历时3年，张壶铭、张鉴铭、韩禄、谢全、任发仓、李正贵等15人被杀。1908年，清政府被迫下令免除敦煌农户交纳"采买粮"的旧规。

民国二十三年（1934），敦煌地方因兵匪之乱，负担粮秣十倍于从前。敦煌民众苦不堪言。追思往事，思张壶铭、张鉴铭二先生为民抗粮功不可磨灭，联名公请县署为先生立碑，以志不忘。县长杨灿以二先生功在生民，泽流后世，非立碑所能表扬，特准建祠，永久纪念与兴事者15人，共同奉祀以先生兄弟（张壶铭、张鉴铭）为之首。

祠堂建成后，朱永镇先生撰书一联：

大书特书，公德当书，以免采粮八千石；
先死后死，精神不死，殉难烈士十五人。

非汉文文书等类。敦煌遗书是研究中古中国、中亚、东亚、南亚相关的历史学、考古学、宗教学、人类学、语言学、文学史、艺术史、科技史、历史地理学的重要研究资料。

敦煌博物馆馆藏清嘉庆年间的两篇公文文书其内容都是写或绣在缎面上的，墨迹秀丽，楷书写成，十分精致华丽。

敦煌博物馆收藏敦煌遗书藏经洞汉文文献82卷、藏文文献卷式240卷、梵箧式5812件（套）、总数6134件（套），称之为敦煌第二个藏经洞。其中《六祖坛经》《紫薇垣星图》堪称敦煌遗书瑰宝。

第九章 纸质文书
文治武功传承的缩影

光绪二十六年（1900），正当八国联军侵华，晚清政府自顾不暇之际，远在西陲流沙之地的敦煌获惊世发现。流落到敦煌莫高窟出家为道的王圆箓在清理莫高窟洞窟积沙时偶然发现第16窟甬道北壁有一小窟，即后世称之为藏经洞的第17窟。"内藏释典充宇，铜佛盈座"，"见者惊为奇观，闻者传为神物"。藏经洞内藏公元5—11世纪的多种文字的古写本及少量印本约五万件以上，文献种类近6000种。外国探险家闻讯纷至沓来，由于清政府腐败无能，致使出土文物流散世界各地，敦煌学前辈陈寅恪先生在为陈垣所编《敦煌劫余录》序中称之为："敦

诰命

这件清诰命虽历经两百多年，仍然色泽十分清新明亮，保存完好。

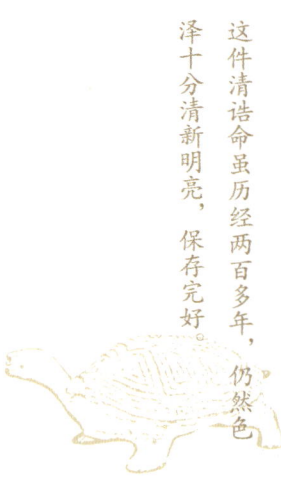

诰命质地为彩缎，由黄、白、红、黑、蓝、淡黄六种色彩的缎面组成，一侧有卷轴，背面白色无图纹，两边留有天头，左边明黄色，上边绣淡黄色金龙两条，两条金龙中间绣有满文"诰命"二字，右边天头水红色，经常外露的部分因年长日久，颜色已发白，天头中间也绣两条金龙，金龙中间绣有汉文"诰命"二字。虽历经两百多年，但色泽仍然十分清新明亮，保存完好。

诰命的内容是由满、汉两种文字写成的。左

奉
天承運
皇帝制曰朕惟尚德崇功國家
之大典輸忠盡職臣子之
常經古聖帝明王戡亂以
武致治以文朕欽承往制
甄進賢能特設文武勳階
以彰激勸受茲任者必忠
以立身仁以撫衆智以察
微防姦禦侮機無暇時能
此則榮及前人福延後嗣
而身家永康矣敬之勿怠

李克昌爾曾祖李秀原係把
總康熙五十七年征西藏陣亡

诰命

清嘉庆十一年（1806）
宽31.5厘米，长345厘米

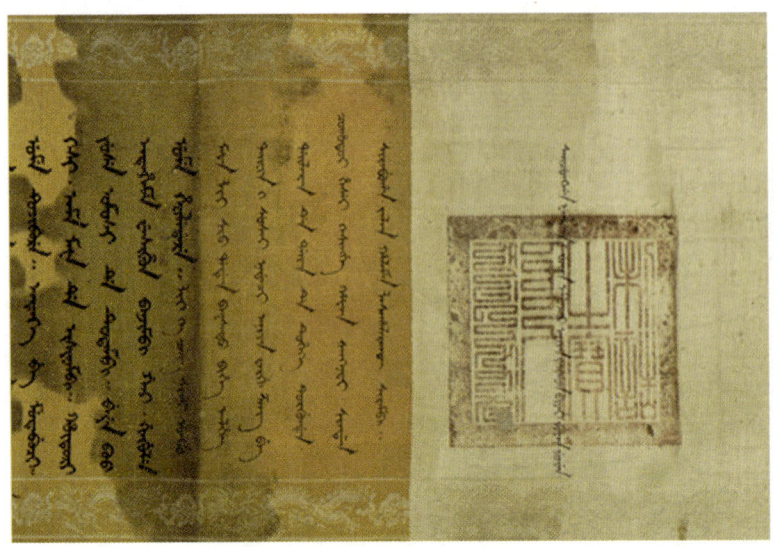

清诰命局部

清诰命局部

边是满文，从左至右书写二十九行，右边是汉文。满汉文落款处均加盖两方相同大小的"诰命之宝"红色印信。整篇诰命由三段文字构成，第一段是开头，第二三段是正文。其内容如下：

奉天承运皇帝制曰：朕惟尚德崇功，国家之大典。输忠尽职，臣子之常经。古圣帝明王，戡乱以武，致治以文。朕钦承往制，甄进贤能，特设文武勋阶，以彰激劝。受兹任者，必忠以立身，仁以抚众，智以察微，防奸御悔，机无暇时。能此则荣及前人，福延后嗣，而身家永康矣。敬之勿怠。

李克昌尔曾祖李秀原系把总，康熙五十七年征西藏阵亡。

钦奉

特旨赏给恩骑，与尔承袭，世袭罔替。

嘉庆十一年十二月十二日

康熙五十七年（1718）命皇十四子胤禵为抚远大将军进驻西宁，开始平定西藏叛乱。李克昌的太爷就是在这次战斗中阵亡。事过88年后，朝廷为表彰李秀的功绩，封赐其曾孙李克昌为恩骑尉。

敕命

嘉庆皇帝十分重视军机处的作用，这篇敕令很可能就是由军机处书写，由嘉庆皇帝审签。

此篇敕命质地为彩缎，由黄、白、红三种颜色组成，右侧有轴，左侧无轴，左右两侧均有天头，左侧红色，右侧黄色，内容是由汉、满两种文字写成，左边是满文，从左至右书写满文二十二行。右边是汉文，汉文部分从右至左用墨书写十七行。

其内容如下：

奉天承运皇帝制曰：宠绥国爵，式嘉阀阅之劳。蔚起门风，用表庭闱之训。尔傅守凤乃前任甘肃沙州营千总，今升灵州营守备傅嘉之父。义方启后，穀似光前。积善在躬，树良型于弓冶；克家有子，拓令绪于韬钤。兹以覃恩封尔为武略骑尉，锡之敕命。于戏！锡策府之徽章，洊承恩泽；

荷天家之庥命，允耀门间。

制曰：怙恃同恩，人子勤思于将母；赵桓著绩，王朝锡类以荣亲。尔孟氏乃前任沙州营千总、今升灵州营守备傅嘉之母。七诫娴明，三迁勤（笃）。令仪不忒，早流珩瑀之声。慈教有成果，见干城之器。兹以覃恩，封尔为安人。于戏！锡龙纶而焕采，用答劬劳。被象服以承庥，允膺光宠。

嘉庆十四年正月初一日

傅守凤，敦煌人，清代敦煌武举，"乾隆丁酉（1777）科"。傅嘉之父，曾任肃州左营千总。傅嘉，敦煌本邑人，武生，因出征川楚有功，嘉庆十年（1805）任沙州营左哨千总，后又调升河州镇标中营游击。道光六年（1826）被委任沙州营代理参将，不久奉调出征回疆（今新疆），行至喀喇沙尔（今焉耆）而卒。后代今无考。

傅嘉在沙州工作期间，成绩卓著，由沙州营左哨千总升为灵州营守备；傅嘉的父母由于教子有方，培养傅嘉成为治国之才，父亲被封为骑尉，遂将母亲孟氏封为安人。

嘉庆皇帝十分重视军机处的作用，下谕："各直寄信事件，以及在京各衙门遇有应降谕旨，势不能纷纷令群工承缮，是以俱由军机处拟写交发，令事有统汇，以昭划一。"这篇敕令很可能就是由军机处书写，由嘉庆皇帝审签。

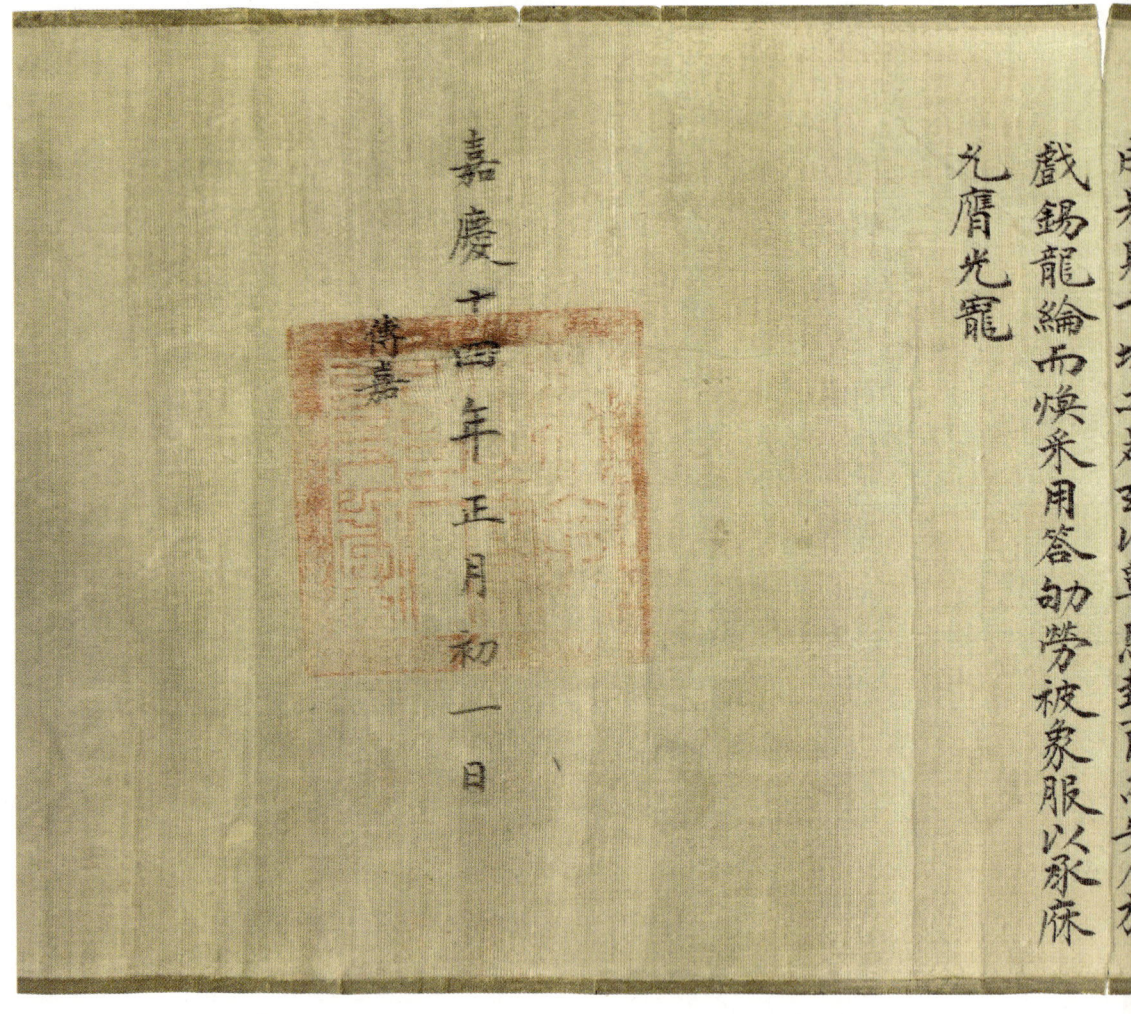

戲錫龍綸而煥采用答劬勞被象服以滋麻
允膺光寵

嘉慶十四年正月初一日

奉
天承運
皇帝制曰寵綏國爵式嘉閥閱之勞尉起門風
用裦庭闈之訓爾傅守鳳乃前任甘肅沙州
營千總今陞靈州營守備傅嘉之父義方啟
後穀似先前積善在躬樹良型於弓冶克家
有子拓令緒於韜鈐兹以覃恩封爾為武畧
騎尉錫之敕命於戲錫棻府之徽章游承恩
澤荷天家之庥命允耀門閭
制曰怙恃同恩人子勤思於將母趨桓著績王
朝錫類以榮親爾孟氏乃前任甘肅沙州營
千總今陞靈州營守備傅嘉之母七誡嫺明

敕命

嘉庆十四年（1809）
宽31米，长270厘米

《六祖坛经》

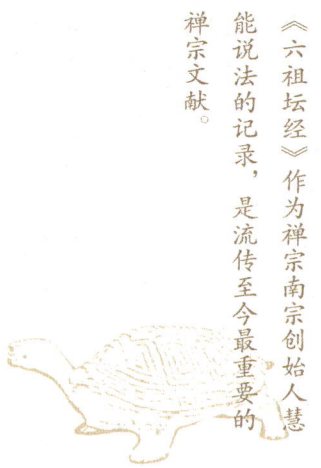

《六祖坛经》作为禅宗南宗创始人慧能说法的记录，是流传至今最重要的禅宗文献。

敦煌博物馆馆藏《六祖坛经》，全名《南宗顿教最上大乘摩柯般若波罗蜜经六祖慧能大师于韶州大梵寺施法坛经》，为《坛经》等禅籍合抄，依次抄录唐释神会撰《菩提达摩南宗定是非论》《南阳和上顿教解脱禅门直了性坛语》《南宗定邪正五更转》，唐释法海集《南宗顿教最上大乘坛经》，唐释净觉《注般若波罗蜜多心经》等禅籍五种。根据相关专家研究，这五种禅籍并非抄写于同一时期，前四种有可能为归义军时期写本，而《注般若波罗蜜多心经》为较晚的抄本。《六祖坛经》作为禅宗南宗创始人慧能说法的记录，是流传至今最重要的禅宗文献。

敦煌博物馆本《六祖坛经》，首尾略残破，缝缋装，麻纸，册高32.2厘米，

身無量万億佛世界禪師既言在滿足十地位今日為視
少許神變深逯堅此意執見甚深持為見悟至玄而巳簡
詮如響 和上言大涅槃經云如來在日只許純陀心同如來心乙
多如來常不許身同如來身經云如來在日只許純陀心同如來心乙
身心如來常不言身諸令神
會身是凡夫末法時中公猶得十地法有何可怪逮法師哩
不言 和上問逮法師見佛性不 逯法師答言不見佛性
和上言法師若不見佛性即不合謙大般涅槃經 逯法師言
何故不得謙大般涅槃經 和上言師子乳品云若能思惟解
釋大般涅槃經義者當知是人則見佛性以法師不見佛性故
言不合謙 逯法師問禪師見佛性不 和上答言見
問為是比量見為是現量見 和上答比量見 又責何者是祠

《六祖坛经》

民国二十四年（1935）
册高32.2厘米，册宽11.7厘米
1900年敦煌藏经洞出土

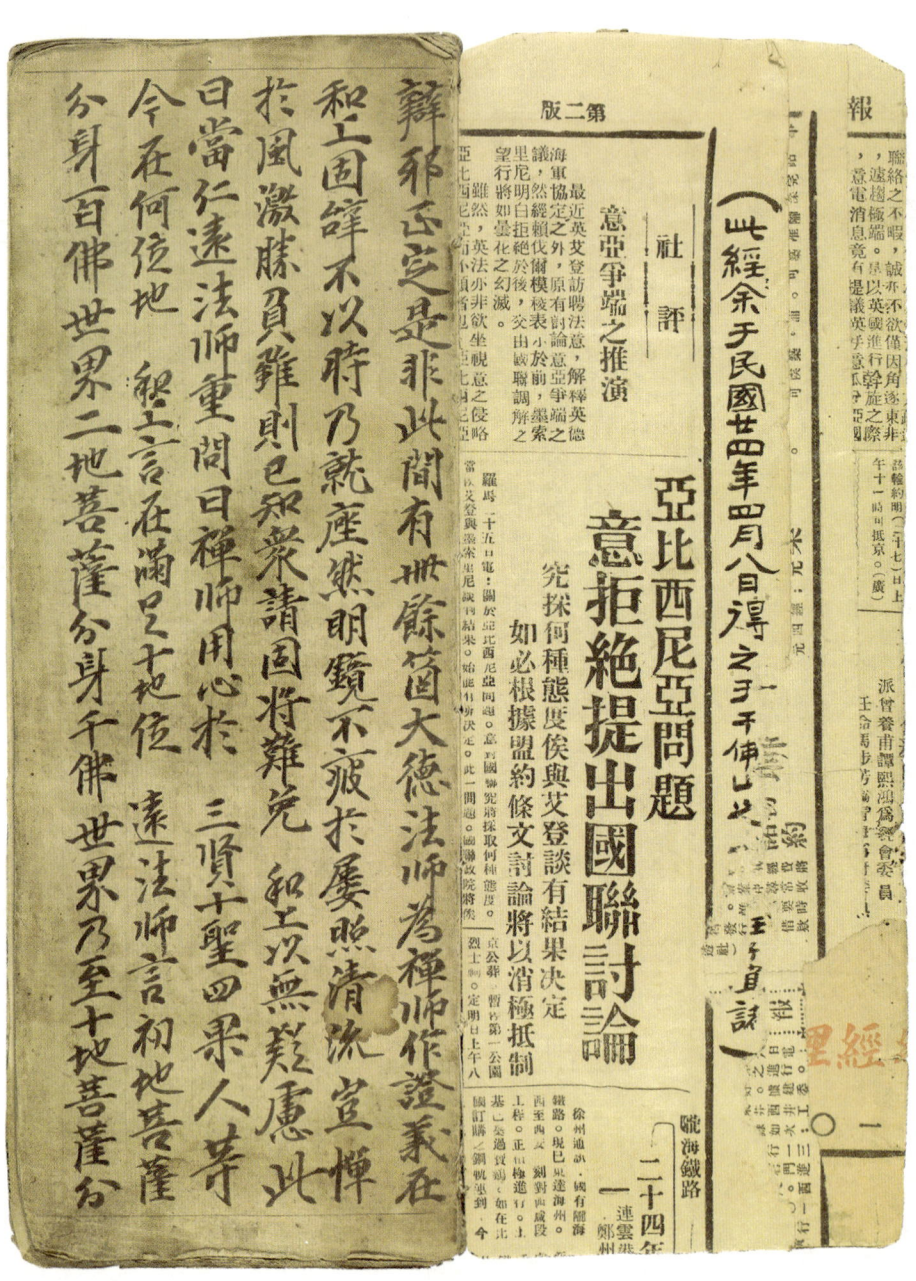

《六祖坛经》

册宽11.7厘米。天头1厘米，地脚1.2厘米。乌丝栏，栏宽1.6～1.9厘米。单纸宽23.4厘米，对折。双面书写，每半页书六行，共93页，总1082行。

1900年6月，敦煌藏经洞被打开，学者们从中发现了许多禅学著作，其中敦煌博物馆本《六祖坛经》具有字体清晰工整，抄漏的字句较少，错别字相对少，文句连贯等特点，是迄今为止最好的版本。在这个抄本的两个空白处，原藏者留下了发现抄本的时间和地点："民国二十四年四月八日获此经于敦煌千佛山之上寺。任子宜敬志。"早在1907年3月，斯坦因初访莫高窟还没有接触到藏经洞的卷子时，上寺的一个年轻喇嘛曾将一卷藏经洞写本出示给斯坦因看。这本《六祖坛经》可能就是和上寺喇嘛给斯坦因看的卷子一起从藏经洞流传出来的，并保存在莫高窟上寺喇嘛手中。

1935年农历四月初八，敦煌名仕任子宜先生发现了这本《六祖坛经》并收藏。因藏经洞出土《六祖坛经》年代久远，任子宜收藏时特意用民国当时发行的《西北日报》裁剪后，对坛经封面进行了衬裱。"文革"期间，由敦煌县文化馆文物组（敦煌博物馆前身）从任子宜手中征集。敦煌博物馆本《六祖坛经》是研究慧能的生平事略及禅宗思想的集大成佛教禅宗文献。

《紫薇垣星图》
《占云气书》
《唐书地志》

> 这是一本秘密的图册，它不可能广泛流传，只有少数抄本，故较其他卷子更为少见，留存至今弥足珍贵。

在敦煌藏经洞文献中，保存了丰富的天文学资料。其中最引人瞩目的是两幅精美的古代星图，一幅被斯坦因盗取，现藏于英国大英图书馆的《全天星图》，斯坦因编号为 S.3326；一幅是现藏于敦煌博物馆编号为汉文写经类58号的《紫薇垣星图》。正面为《唐书地志》，背面绘有《紫薇垣星图》和《占云气书》。由七张麻纸粘连而成。

《紫薇垣星图》中将紫薇垣诸星绘在直径分别为26厘米、13厘米的两个同心圆内，内垣把紫薇垣的东蕃和西蕃连接起来，外圆外亦绘有一些星。以黑色圆点表示甘德的星，红色表示石申和巫咸的星。由于《紫薇垣星图》中有西蕃、东蕃这些表示方向的文字，由此可以推知本图为左西、

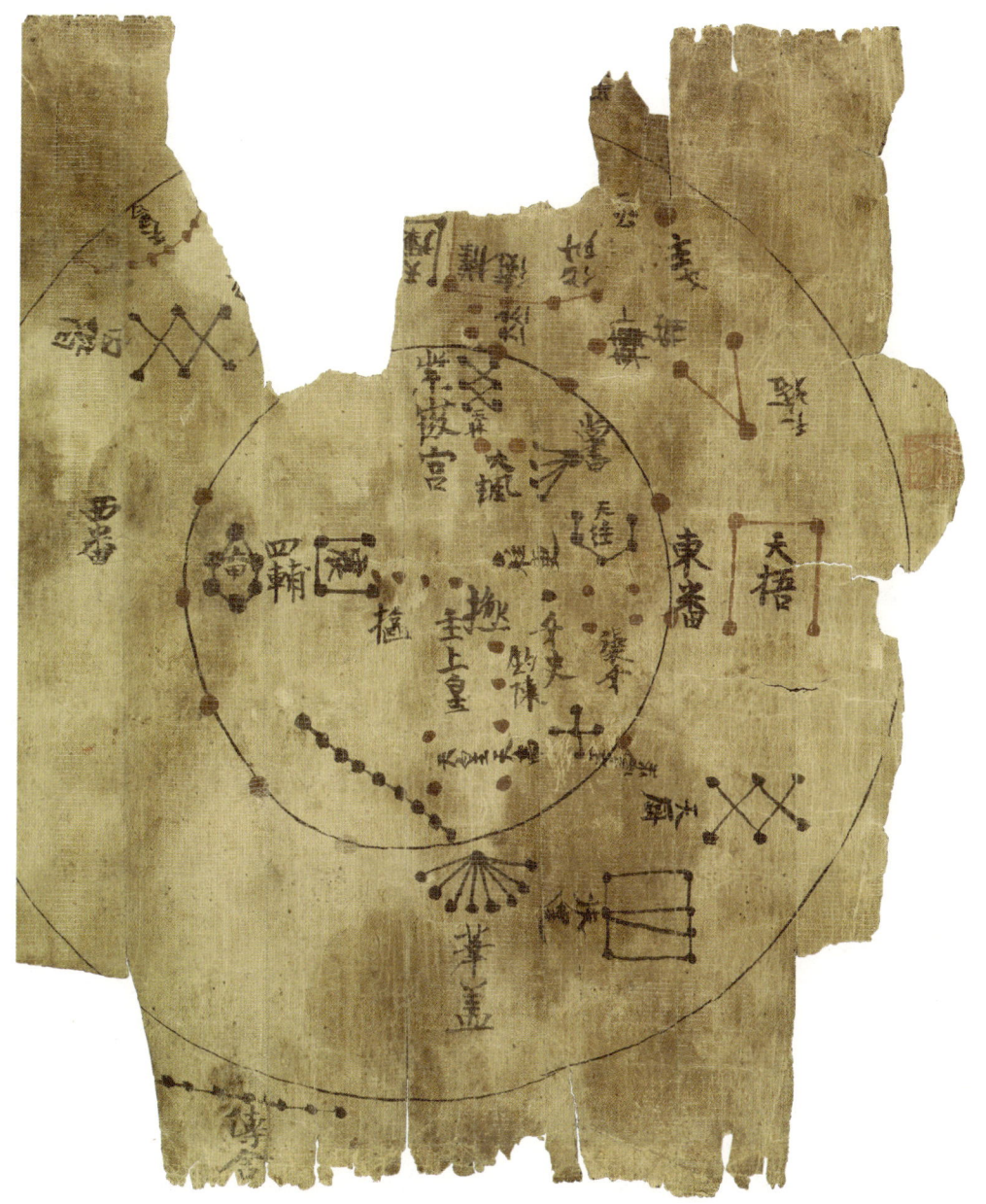

《紫薇垣星图》

右东、上南、下北。这和人们仰视星空的情形是一致的。据学者考证，这幅星图观测地点的地理纬度为北纬35°左右，相当于西安、洛阳等地。

《占云气书》绘于《紫薇垣星图》之后，首起"占云气书一卷，观云章第一"。此卷是特意为军队使用的占星手册，是通过观察云和气而得知如何占算……行动的吉凶。有76个图解，前48条有说明文字，先图后文。如"丙丁日……""黑云不可攻""敌上有云如牵牛未可击"等。这是一本秘密的图册，它……可能广泛流传，只有少数抄本，故较其他卷子更为少见，留存至今弥足……贵。

敦煌星……在世界天文学史上占有十分重要的地位，西方科技史家蒂勒、布朗等都认……："从中世纪到14世纪末，除中国星图外再也举不出别的星图了。"

《占云气……书》可能由同一个人绘图书写，或是图文分工，由于某种原因，抄写的文字种……写中间线，所有的书写文字，水平欠佳，有许多错字、别字或遗漏，甚至有……文字颠倒现象。这份卷子是一份有价值的历史文献，如果将此卷中的文字和……两星学章的文字加以比较，可以推断部分文字错漏，或可以在《开元占经》……中找出失去的文字，如《占云气书》前两条失去的文字，可见于《隋书》的星子章。

云中有三只牛显现，预示边镇遭围攻。

云如山形，在敌上方出现，警告不可采取攻敌行为。

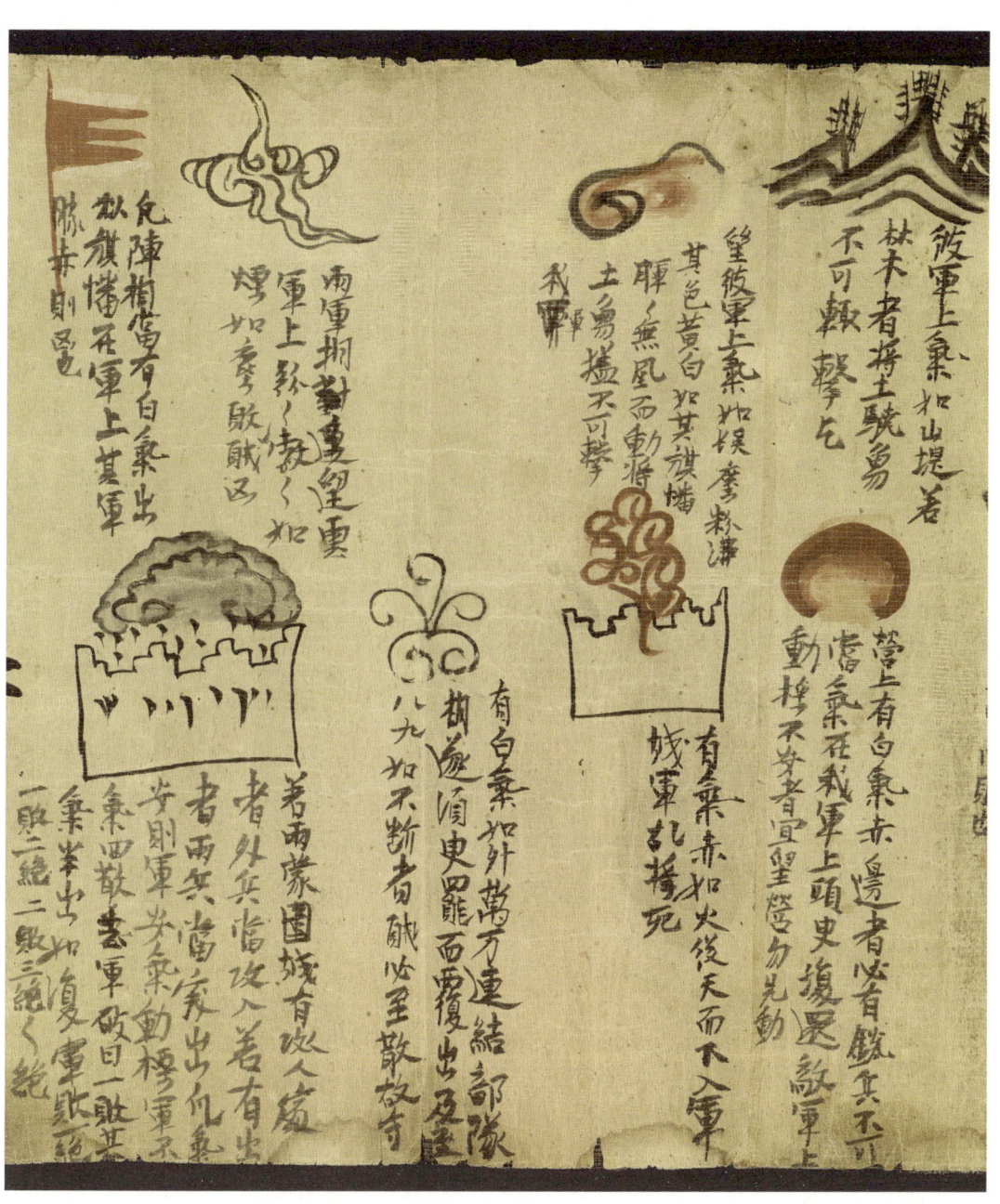

《占云气书》（局部）

《占云气书》

《唐书地志》（局部）

遗憾的是这些图解不清楚，也无色彩，使残卷《占云气书》的文字不能补充完整。

前 28 条文字叙述如何观察云，如何注意它的色彩和形成。其他条文都是关于气的，同时也要注意气的色彩、厚度和形状。"气"这个词，可以指许多气象表现，如雾、虹、霓、晕等和其他地球表面运动中产生的热和压力下的某些特殊的金属矿物所产生的光体，被某些目击者，作为不明飞行物记录下来，通过对云和气的观察，军队的首领就可以占算出敌营的动向，也可以预测自己军队的吉凶和进退，气即雾气、云或其他的东西。

《唐书地志》残卷，写于唐天宝初年，出于莫高窟藏经洞，宽 31 厘米，长 301.9 厘米，由七张麻纸粘连而成。

残卷记有陇右道、关内道、河东道、淮南道，这些道管辖 138 个郡（州府），614 个县，每行先写州（府）名，后写所属县名。州府名下，注明了去京都的里程数、贡物及公廨本钱数，如果相同，则标明"淮前""淮上"，没有的则加注"无术"，郡名之下及县名右侧，用红笔标明郡县的等级，各郡县的地方特产和贡物。

敦煌博物馆藏地志残卷，属全国性地志，这份残卷是藏经洞发现后不久，散失于敦煌民间的文书之一，并由于其内容丰富，特点鲜明。1943 年，著名历史学家向达先生看到此卷，给予高度评价："唐初地志传世无几，则虽残篇、断简，亦可宝也。"

【年份】前140—前126
【时期】西汉
张骞出使西域,"敦煌"一词首现,敦煌开始进入中原王朝视野。

【年份】前770—前221
【时期】先秦
已经成为中西交通的枢纽。

【年份】距今4000—3700年
【时期】原始社会时期
敦煌旱峡玉矿遗址,证明此时的敦煌为西城驿文化和齐家文化遗存。

汉武帝"列四郡,据两关",正式设敦煌郡,有了"敦煌"这一名称。
【年份】前111
【时期】西汉

敦煌继续发展。
【年份】前111—8
【时期】西汉

将敦煌郡改为敦德郡。
【年份】9—23
【时期】王莽新朝

【年份】397
【时期】魏晋十六国南北朝
(北凉)敦煌属北凉统治。

【年份】389
【时期】魏晋十六国南北朝
(后凉)敦煌,取消州的建置,仍称敦煌郡。

【年份】376
【时期】魏晋十六国南北朝
(前秦)敦煌归前秦统治。

(西凉)以敦煌城为都城,"郡大众殷,制御西域,管辖万里","一时于阗致玉,鄯善前部王遣使贡其方物"。
【年份】400—417
【时期】魏晋十六国南北朝

(北魏)敦煌废郡改置敦煌镇,辖晋昌戍、酒泉军、乐涫戍、张掖军等。
【年份】445
【时期】魏晋十六国南北朝

(北魏)孝文帝为进一步加强对敦煌镇的守备,在此置郡大将。
【年份】485
【时期】魏晋十六国南北朝

敦煌大事世系表

07

敦煌郡仍设6县，并把广桓回改为广至。敦煌被称为"华戎所交一大都会"。
【年份】25—151
【时期】东汉

08

【曹魏】敦煌归曹魏统一。
【年份】208—220
【时期】魏晋十六国南北朝

09

【西晋】敦煌属凉州。
【年份】265
【时期】魏晋十六国南北朝

12
【年份】366
【时期】魏晋十六国南北朝
（前秦）乐僔和尚在三危山下始建敦煌石窟供佛，敦煌莫高窟为之诞生。

11
【年份】335
【时期】魏晋十六国南北朝
（前凉）"沙州"之名，最早见于此。至此，敦煌又改属沙州。

10
【年份】265—316
【时期】魏晋十六国南北朝
（西晋）号称"敦煌菩萨"的高僧竺法护曾在敦煌将佛经《不退传法轮经》和《正法华》译为汉文广为传布，并流传到中原。

19

（北魏）敦煌罢镇置瓜州，首任刺史是北魏宗室明元帝四世孙东阳王元荣，元荣在任职的20年里，推进了莫高窟的营建活动，使敦煌的佛教得到了迅速发展。
【年份】525—527
【时期】魏晋十六国南北朝

20
（北周）敦煌归于北周。寿昌、效谷、敦煌三郡合并为敦煌郡，又并敦煌、鸣沙、平康、效谷、东乡、龙勒六县为鸣沙县。敦煌郡辖鸣沙县。
【年份】557
【时期】魏晋十六国南北朝

21
（北周）莫高窟所留北周洞窟达15个，敦煌西千佛洞仅存的16个洞窟中即有北周洞窟13个，证明当时佛教之盛和人民生活富裕的程度。
【年份】557—581
【时期】魏晋十六国南北朝

【年份】619
【时期】唐
敦煌归唐后，仍沿旧制称敦煌为瓜州。

【年份】618
【时期】唐
李轨称"阿大凉皇帝"，占据凉州各地，改元"安乐"，敦煌辖属李轨统治。

【年份】617
【时期】隋
时任凉州鹰扬府司马的李轨起兵占领张掖、敦煌、西平等地。

瓜州刺史贺拔行威举兵逮捕了驻瓜州的唐朝骠骑将军达奚暠，自称"敦煌王"。
【年份】620
【时期】唐

敦煌豪族王干在当地人民的配合下，剪除了贺拔行威的割据势力，使敦煌复归于唐。当年，唐政府分瓜州之常乐县另置瓜州（今安西），旧瓜州（今敦煌）改为西沙州。
【年份】620—622
【时期】唐

吐蕃入侵，于781年敦煌（沙州）归吐蕃。
【年份】755—781
【时期】唐

【年份】1488
【时期】明朝
沙州卫由于人口迁入塞内（甘州一带），沙州卫遂废。

【年份】1372
【时期】明朝
朱元璋派大将徐达、冯胜、李文忠出兵西征，沙州遂为明朝所有。在敦煌境内设有罕东和沙州二卫。

【年份】1280—1290
【时期】元朝
沙州升为路，成为一个军队的屯田区。

明政府在敦煌故城建立罕东左卫，习惯上仍被称为沙州卫。
【年份】1479
【时期】明朝

沙州遂为吐鲁番占领。
【年份】1516
【时期】明朝

沙州被吐鲁番完全占领并直接的统治。
【年份】1528
【时期】明朝

【年份】 609
【时期】 隋
隋炀帝西巡河西，在张掖召见西域27国使者，敦煌作为西域27国使者的前应接待站，为这次盛会做出了贡献。

㉔

【年份】 581—609
【时期】 隋
敦煌"区宇晏如，人殷物阜"，经济繁荣，文化事业得到了迅速发展，丝路重镇敦煌更加显示出其地理位置的重要性。

㉓

【年份】 583
【时期】 隋
将瓜州改为敦煌郡，改北周鸣沙县为敦煌县。隋代敦煌郡辖三县，敦煌、常乐、玉门。

㉒

㉛

敦煌人张议潮带领沙州汉人，联结粟特人和退浑人组成强大的反蕃同盟军，一举驱逐吐蕃守将，收复沙州。
【年份】 781—848
【时期】 唐

㉜

唐在沙州设立归义军，张议潮被授为归义军节度使。
【年份】 851
【时期】 唐

㉝

归义军时期，张曹二家在此统治达198年。
【年份】 851—1036
【时期】 唐末至北宋

【年份】 1227
【时期】 西夏
西夏为蒙古所灭，同年敦煌归蒙古统治。

㊱

【年份】 1067—1227
【时期】 西夏
西夏对沙州统治长达160多年。是敦煌被少数民族统治时间最长的一个时期。

㉟

【年份】 1067
【时期】 西夏
西夏再次攻占敦煌，从此敦煌归入西夏版图。

㉞

㊸

明王朝封闭嘉峪关，敦煌地区无中原王朝建置近200年。
【年份】 1539—1716
【时期】 明朝至清

㊹

"复立沙州所"。
【年份】 1723
【时期】 清

㊺

改沙州卫为敦煌县，隶安肃道。由甘肃56州县向敦煌移民屯垦。敦煌垦区分为六隅、五十六坊，敦煌又开始重新焕发生机和活力。
【年份】 1726—1729
【时期】 清

bad
Ashley Carlon